¡MUJERES INDETENIBLES!

Abriendo caminos con pasos de esperanza

¡MUJERES INDETENIBLES!

Abriendo caminos con pasos de esperanza

Publicado por la Casa Editorial Casaponsa Publishers
Beth@BethCasaponsa.com
11575 Reagan Dr.
Fishers, 46038, IN
US

CONTENIDO

PRÓLOGO

Leer las historias de estas doce mujeres, es vivir una travesía dolorosa que te enseña, te nutre y te recuerda tu propia experiencia como inmigrante. Es subirse en una montaña rusa de sorpresas en donde quizás encuentres algunas respuestas.

Acompáñalas, escúchalas, vive sus aventuras. Te será muy difícil soltarlas porque sentirás que en cada página hay un retazo de tu propia vida.

Como ellas, millones de venezolanos viven un duelo migratorio producto de la crisis política, económica y social que existe en nuestro país.

Atrás quedó el país, el hogar, la familia, los amigos, la historia y la cultura. Quienes salen de su país, sienten el dolor de la pérdida y se enfrentan al reto que significa retomar la vida en otra parte del planeta.

Este libro recoge las historias de 12 mujeres quienes en el proceso de encontrar ese nuevo espacio que llamarían "hogar", no sólo se ayudaron a sí mismas, sino que abrieron el camino para que miles de venezolanos dentro y fuera del país, continuaran su sueño.

Es un trabajo colectivo que pretende dar a conocer los logros de estas luchadoras en diferentes partes de los Estados Unidos, al tiempo que nos muestra el proceso de crecimiento y lucha de cada una de ellas, vivencias con las que muchos de nuestros lectores se verán identificados.

"No ha sido fácil: quienes emigramos, cargamos con mucho dolor" es la frase que escuchamos a lo largo de estos relatos, y ese dolor transformado en acción ha servido para llenar el vacío que deja emigrar. "Lo logramos, lo estamos logrando. Ayudando nos ayudamos".

Los caminos que las trajeron hasta aquí difieren unos de otros, al igual que las tareas que cumplen, pero el objetivo es el mismo: apoyar, servir, dar y fortalecer los lazos con los hermanos de acá y de allá. Ser las "hadas madrinas" para mantener la vida y la esperanza.

Con ese propósito han creado casas, asociaciones, fundaciones sin fines de lucro que han sido el vehículo para salvar vidas a través del envío de medicinas, cajas con comida, dinero, pagando citas médicas, regalando juguetes, y acompañando en su dolor al que llega. Sembrar a Venezuela a través de la cultura y la alegría, en este incierto camino que significa ser inmigrantes.

La crisis continúa, cada vez es peor, por eso hoy más que nunca se proponen incentivar el trabajo voluntario en la comunidad venezolana, y que estas historias sirvan de ejemplo para seguir extendiendo la mano al que llega y al que se queda y sobrevive con lo que tiene.

Estas son sus historias, que se parecen mucho a la tuya o a la de alguien que tú conoces, historias positivas de momentos muy oscuros que intentan transformar el duelo en esperanza y futuro.

- Leda Santodomingo

BELEN
BLANTON

"Tenía dos opciones: esperar la muerte en casa o buscar la vida donde sea que estuviera."

Un corazón diferente

Cuando me invitaron a participar en este grupo me sentí honrada. 12 mujeres inmigrantes, soñadoras... heroínas que se unían para contar sus historias. Mujeres extraordinarias que, buscando descifrar su destino, lograron construir las bases para que otros encontrarán sus sueños. A algunas les ha tocado sobreponerse a situaciones inexplicables que muchos llaman milagros.

Creo firmemente que todos los seres humanos somos parte de un plan divino, que traemos un propósito. El mío lo descubrí mientras batallaba para mantenerme viva y me preguntaba: ¿Dios, por qué estoy aquí? ¿Para qué me quieres, si ya no tengo fuerzas?

Soy la tercera de cuatro hermanos. Crecí en un hogar lleno de amor, en donde fui la consentida, la muñequita de mamá y papá.

Cuando apenas tenía cinco meses empezaron los síntomas. Me ponía morada y convulsionaba. Mis padres me llevaron al pediatra, pero este nunca ofreció una respuesta clara: "Déjenla tranquila, cámbiale la leche". Otros doctores fueron más drásticos: "Señora, su hija se va a morir, disfrútela mientras pueda".

Las mujeres en mi país son sabias por naturaleza. Viendo la angustia de mi mamá, una vecina le dijo que me llevaran al cardiólogo, que quizá tuviera algo en el corazón. Terminamos en la Clínica Atías, en donde un joven cardiólogo recién llegado de Houston le informó a mi familia que tenía una cardiopatía congénita. Mi enfermedad es conocida como atresia tricúspide, una condición que limita el flujo sanguíneo hacia el corazón.

Desesperada, mi mamá preguntó si existía una cura, o qué podía hacer para sanarme. El doctor Iván Machado había hecho su postgrado en Texas y conocía lo último en materia de cardiopatías. Pero estábamos en Venezuela en 1965. No existían los equipos ni los recursos para hacer la cirugía paliativa que corregiría temporalmente el defecto. La única solución era llevarme a Estados Unidos. El problema era que podía morir en el avión, porque la altura limitaba el oxígeno. Tendría que llevar una bomba y ninguna aerolínea quería asumir el riesgo.

Para los padres no existen límites cuando se trata de un hijo, y los míos buscaron ayuda entre todos sus conocidos. Mi papá, Adeco de toda la vida, era amigo del entonces diputado Carlos Andrés Pérez. Le explicaron la situación y, según me cuentan, el propio Carlos Andrés llamó a Delta Airlines y logró que me montaran en un avión. Acompañada de mi oxígeno, viajé a Houston, dónde me esperaba el Dr. Denton A. Cooley, una eminencia, fundador del Instituto de Cardiología de esa ciudad.

La operación fue un éxito. Volví a nacer el 24 de diciembre de ese año gracias a mis padres y a mi segundo papá, el Dr. Iván Machado.

Lista para abrirme paso sola

Tuve una infancia feliz junto a mis hermanos Beatriz, Belinda y Néstor. Por mi condición cardiológica tenía muchas limitaciones y en el colegio me hacían burlas porque se me ponían las manos y la boca morada, pero nunca me sentí rechazada. Con sus palabras de amor, mi familia insistía en que era única, con un corazón distinto.

Seguí visitando regularmente a mi doctor hasta que, pocos meses antes de cumplir quince años, me dio una arritmia. Me llevaron al Hospital Universitario y ahí me salvaron. Una vez más, la vida me daba otra oportunidad.

Me hicieron una fiesta espectacular en el club más famoso de la época: el Círculo Militar. Después de bailar con mi papá, mi doctor, a quien consideraba mi otro papá, me tomó de la mano y al oído me dijo: "Tú eres un milagro, siempre serás mi estrellita de Belén".

Llevaba una vida normal, siempre con mi mamá apoyándome y dándome ánimos. No me hacía falta nada, a veces ni me daba cuenta de mi condición, solo no podía hacer ejercicio. Todavía, después de cincuenta años, a veces mis manos moradas me recuerdan que mi corazón es diferente.

El último episodio que tuve antes de irme a vivir a Estados Unidos ocurrió cuando tenía 17 años. Sentí cómo pasaba por el túnel que va hacia el otro lado y morí por un instante. Me intentaban resucitar con golpes fuertes en el pecho y nada, no regresaba.

Estuve en el camino del que habla la gente que se va y regresa, pero ese no era mi momento. Escuchaba voces a lo lejos, veía caras tristes y sentía los golpes. De pronto no escuché nada más. Me quedé como flotando en una nube rosada, atravesé una vereda y me encontré con mi padrino. Se sorprendió al verme y me dijo: "Muchacha, usted no está lista, todavía le falta mucho". Sentí un impacto seco en mi pecho y abrí los ojos. Estaba viva.

El doctor le comentó a mi familia que no se explicaba cómo me habían revivido. Concluyó que mis deseos de vivir eran más fuertes que mi enfermedad.

Así estuve, pegada a mis padres hasta los 21 años. Creé un vínculo tan íntimo con mi mamá que me costaba no tenerla cerca. Ella tampoco podía estar sin mí. Cualquier excusa servía para abrazarnos o besarnos, y cuando salió la canción: El amor de mi vida has sido tú, de Camilo Sesto, la hicimos nuestro himno.

No era normal esa relación de codependencia, de "cachete pegado" todo el tiempo con mi mamá. Un día se me salió lo rebelde y le comenté a mi papá que me quería ir a Inglaterra a aprender inglés.

Primero dijeron que no, que estaba loca; luego entendieron que, si querían que fuera independiente, me tenían que soltar. Me dejaron ir, aunque mi papá se encargó de organizarlo todo bajo sus parámetros. Me quedaría en casa de la hija de unos amigos de él en Carolina del Norte. Y así, con las herramientas que me habían dado mis padres y hermanos durante mi infancia y adolescencia para sentirme segura a pesar de mis dolencias, me fui.

¡Por fin era libre, qué experiencia tan maravillosa! Me volví loca, salía, tomaba, rumbeaba... Mi corazón estaba feliz, y cuando me faltaba el aire, recurría a mi pastillita y seguía.

La independencia también trajo mucho crecimiento. En mi país, como era costumbre en familias de clase media, teníamos ayuda en casa, por lo que, a pesar de mi edad, yo no sabía ni hacerme un huevo. En Estados Unidos aprendí a cocinar con mi compañera de cuarto, una japonesa fantástica.

Entre tanta novedad, yo estaba feliz. Por supuesto que no me quería regresar. Hablé con mi papá y lo convencí de que en tres meses era imposible aprender inglés, así que me fui quedando hasta que solo volvía de vacaciones o por corto tiempo.

Para entonces debían haberme hecho una operación correctiva que terminaría de reparar mi corazón, aunque a decir verdad las cardiopatías congénitas no se curan; se tratan y te dejan vivir por un tiempo.

A mí nadie me dijo nada, yo tampoco pregunté y seguí con la misma cirugía paliativa que me mantenía con vida veinte años después.

En realidad, todo funcionaba y la lógica de mi médico era: ¿por qué tocar lo que está bien? Mis padres aceptaban su consejo. Todos estos años habían sido un regalo, y yo me sentía bien. Solo debía tomar una pastilla y listo. En mi país, la mayoría de los niños con cardiopatías congénitas morían a los pocos meses de nacer. Yo era diferente.

Me hubiera gustado estudiar computación en la universidad, pero era carísimo. Terminé graduándome como operadora de computadoras en un Community College. A los meses me emplearon en una compañía de telecomunicaciones y el mánager se convirtió en mi esposo.

Amores de corta duración

Cuando ya estaba pensando en regresar a Venezuela, recibí la propuesta de matrimonio del mánager. Me gustaba, era dulce y tierno, pero cuando tomaba no tenía límites y aquello me preocupaba. Pensaba que lo podría controlar cuando me convirtiera en su esposa. Seguimos con el plan y le dije que si sus intenciones eran serias, tendría que hablar con mi papá. Fuimos a Venezuela y nos casamos.

El día del matrimonio me sentía rarísima. Siempre había sido una niña mimada, y a mis 25 años me convertiría en una señora y tendría que asumir las responsabilidades de mujer casada. Hubo un momento en que me pasó por la mente cancelar la boda, pero el sacerdote encargado de la ceremonia me dijo: "Hija, ya hiciste los arreglos, tenemos una fiesta, está toda la familia, los invitados. Es normal que estés nerviosa". Debí haber escuchado a mi corazón. Mis temores eran mayores que el amor hacia mi futuro marido.

A los meses quedé embarazada y empecé a leer acerca de los riesgos que significaba tener un bebé con mi condición. Mi mamá, como siempre, me acompañó en el proceso. Me cuidaba y yo trataba de no hacer mucho esfuerzo. Mi hijo nació en Venezuela, donde estuve rodeada del amor y el apoyo de toda mi familia.

A mi regreso a Estados Unidos nos mudamos a Charlotte, donde mi esposo tendría más oportunidades de trabajo. La verdad es que bebía demasiado y no duraba en ningún empleo.

Yo, por mi parte, conseguí un trabajo en un banco, en el departamento de fraudes con tarjetas de crédito. Esa compañía me daba muchos beneficios, incluyendo una guardería para mi hijo. Estaba contenta; lo único que no funcionaba era mi pareja.

Un día salí un momento al supermercado y cuando regresé encontré a mi bebé llorando en la cuna, mientras mi esposo tomaba y reía con su amigo, indiferente a las necesidades de su hijo. Con toda mi frustración le dije: "hasta aquí llegamos". Mi bebé tenía dos años cuando nos separamos.

Me concentré en mi hijo y en mi nuevo trabajo. Pasados tres años me di permiso para salir de noche con mi prima, quién entonces vivía conmigo. En una de esas salidas conocí a un muchacho en una discoteca. Nos gustamos y empezamos a vernos seguido.

Yo quería vivir con él sin casarnos, pero cuando se lo comenté a mis padres, mi papá insistió en que tenía que casarme; no estaba bien que fuera la concubina de nadie, y menos con un hijo. La moral para mi padre era lo más importante cuando se trataba de sus hijos, aunque él llegó a tener una amante que acabó con su matrimonio cuando mi mamá se enteró.

Yo amaba a la familia de mi nuevo novio. Eran como yo y llegaron a adoptarme como una hija. Pero con él las cosas cada vez iban peor. Era bastante inmaduro y quería andar de discoteca en discoteca. Yo tenía un hijo y mis prioridades eran otras. No quería estar tan sola, quería una familia.

A los cinco meses ya estábamos separados. Tuve que esperar un año para poder divorciarme e intentar rehacer mi vida. Mi papá, andino y muy conservador, andaba molesto porque no había aguantado a mi marido, y en menos de cinco años ya tenía dos divorcios.

El estrés de no poder complacer a todos me afectaba. Me sentía muy sola y mi prima, que era mi amiga y compañera, se había casado e ido a vivir a Jacksonville, Florida. Un día, mientras la visitaba, me sentí muy enferma. Llamé a mis médicos de Venezuela y me sugirieron que me fuera a emergencias o que consultara a un cardiólogo en Charlotte.

En todos estos años nunca había visto a un cardiólogo. Mis doctores seguían siendo los mismos que me atendieron desde que era una niña: Mi "papá" Machado y el Dr. Mendoza que tomó su lugar cuando Machado se retiró.

Confiaba tanto en ellos que hasta los medicamentos me los mandaban desde Venezuela. Aunque lo lógico era que viviendo en Estados Unidos tuviera un médico en mi comunidad, los médicos de aquí no me gustaban. Las pocas veces que intenté hacer una consulta, me trataban con distancia y frialdad. Mi doctor venezolano me decía que aquí estaban los mejores, que podía contar con lo último en equipos y especialistas. Yo no lo sentía así.

Como el asunto era de emergencia, me asistió un doctor que me recetó un anticoagulante. Salí de allí angustiada, sin confiar en aquel médico y pidiéndole a Dios que me mantuviera viva. Me puse la tarea de buscar un especialista que me gustara, para cuando lo volviera a necesitar. Mis episodios de asfixia y palpitaciones cada vez eran más seguidos y viajar a mi país era muy complicado.

La nueva medicina me puso peor por un tiempo; después mejoré. Pero ahora debía evitar cualquier tipo de cortadas o heridas, porque me podía desangrar. De nuevo andaba como muñequita de cristal evitando romperme.

Cambios, recaídas y un amor permanente

Tal fue la insistencia de mi prima que terminé mudándome para Florida. Logré que en mi trabajo me dieran cambio para una sucursal en Jacksonville y empecé a buscar una casita con opción de compra. Poco a poco me adaptaba a mi nueva vida en una ciudad más cálida.

Todo estaba perfecto: mi hijo, mi trabajo, mi vida. Mi prima insistía en que no podía quedarme sola, que saliera, que buscara un compañero. Yo le decía que eso no estaba entre mis planes. Ella no me hizo caso y de pronto empecé a recibir emails con invitaciones para salir.

En esos días estaba de moda match.com y la gente experimentaba con aquellas páginas llenas de amor y mentiras. Por un tiempo me negué; en mi país los novios se consiguen entre las amistades. Cuando me decidí a responder, salí como con cinco hombres, incluyendo uno casado a quien descubrí cuando lo llevé a su casa y estaba la doña esperándolo.

Había mucha gente extraña, así que dejé de aceptar invitaciones. Aun así, un hombre no dejaba de escribirme e invitarme. Parecía claro y sincero. Trabajaba en la Naval, se había divorciado y buscaba una amiga para salir, sin compromisos mayores.

Insistió tanto que accedí. Le dije que nos veríamos solo un rato, porque no tenía con quién dejar a mi hijo. El tipo estaba tan interesado que me propuso que nos fuéramos los tres a un parque o a un McDonald's a comer un helado. Me gustó su disposición de aceptar mis condiciones e incluir a mi hijo.

Mi prima y yo planeamos una vía de escape. Ella me llamaría pasada la primera media hora y, según me sintiera, yo decidiría si quedarme o no.

Cuando llegué, se sorprendió al verme sola. Hablamos de los hijos. Él tenía uno de dos años, producto de su primer matrimonio. Supe que la esposa lo había dejado. Frente a mí tenía a un ser humano que se abría sin problemas. Yo también me sentí muy cómoda. Conversamos por horas y desde aquel día no nos volvimos a separar.

John era oficial en un submarino de la Naval en Georgia y a las pocas semanas de conocernos, se tuvo que ir. Me enamoré de su manera de ser, suave y cariñoso, de su seducción mediante cartas. Nunca había vivido un romance tan real. En la distancia construimos un amor bonito, basado en lo que éramos y lo que queríamos en la vida.

Él vivía en Georgia, a dos horas de mi casa. Cuando llegaba los fines de semana, salíamos los cuatro. Su hijo tenía dos años y el mío, seis. Por fin sentía que tenía mi propia familia y además me quedaba tiempo para ocuparme de mí y de mis cosas, porque él regresaba a su casa.

Un día amanecí con fiebre, dolor de cabeza y escalofríos. Parecía una gripe, aunque pasaban los días y no se me quitaba. Fui al médico y me mandó un medicamento para bajar la fiebre. Como cada vez me sentía peor, llamé a mi doctor venezolano y me ordenó que fuera al hospital y les exigiera que me hicieran un cultivo de sangre. Sospechaba que pudiera ser endocarditis, una infección bacteriana en el corazón.

Costó muchísimo que me autorizaran el examen, a pesar de que les explicaba que mi médico de Venezuela me lo había ordenado. Pensarían que estaba loca; aceptar sugerencias de un país subdesarrollado no tenía mucha lógica. Finalmente accedieron, y no había pasado una hora cuando me llamaron para hospitalizarme. Lo que encontraron en mi sangre coincidió con el diagnóstico de mi médico venezolano.

La inflamación en las válvulas y cámaras del corazón por la presencia de bacterias podía ser letal, por lo que estuve en terapia intensiva. Por meses me siguieron dando todo tipo de antibióticos.

Mi mamá había venido a estar conmigo, pero en diciembre tuvo que regresar. Por fortuna, John seguía allí, comprometido con la relación que estábamos construyendo. Le hablé de mi condición, de lo que significaba vivir conmigo. No se espantó, al contrario. El 24 de diciembre a las 11 de la noche, cuando los niños dormían esperando al Niño Jesús, se arrodilló y me entregó el anillo.

Nos casamos en la playa y celebramos con un desayuno. Fue una boda sencilla, la más hermosa de todas. Por fin había encontrado a mi amor. Le pedí a Dios que aquel hombre me acompañara el resto de mi vida.

Alguien supo de mi caso y por ser una de las primeras latinas en contraer matrimonio con una pareja conocida en match.com, nos invitaron al programa de Cristina Saralegui. Fuimos famosos por un par de minutos.

Para reducir la viajadera constante de su trabajo a la casa, decidí dejar mi trabajo y mudarme con John a su casa en Georgia. Esto no funcionó porque ahora era yo la que tenía que manejar, no para ir al trabajo, sino para atender las múltiples citas médicas, en búsqueda de un tratamiento permanente que mejorara mi salud.

Regresamos a la Florida y retomé mi trabajo, que me mantenía distraída y sin pensar tanto en mis dolencias.

Necesito un doctor en quién confiar

Si hay algo que ha sido difícil para mí desde que llegué a este país es encontrar un médico. Saben mucho, es verdad, pero son poco humanos, insensibles al dolor. En mi país los doctores conocían mi historia, a mi familia, me hacían preguntas y se interesaban por mí. Aquí era un número, una historia escrita en papel. Ni me miraban.

Uno de los médicos que me trató no me creía. Le parecía imposible que hubiera sobrevivido treinta años con la operación que me hicieron a los 5 meses de nacida. Aquella era una cirugía temporal que debió haberse reparado a los 15 años. Ahora, pasados los 35, no podían hacer nada. Me recomendó que viera a un cardio pediatra, pues eran los que mejor sabían cómo tratar las cardiopatías congénitas.

Unos días me sentía bien, otros no, pero funcionaba. Mi corazón se había debilitado con los años y la infección bacteriana. Aun así, trabajé por cinco años en el City Bank, en lo mismo que hacía en el banco anterior: tarjetas de crédito y fraude.

Estaba feliz con mi pareja y nos embarazamos. Pero esa felicidad no me duró mucho. Apenas se lo comenté a mi doctora, me dijo que no lo podía tener. La medicina que estaba tomando mataría al bebé y luego a mí también.

Me sacaron a mi niñita y caí en una profunda tristeza. Me puse tan mal que me dio un ACV. Qué dolor. Sentíamos que nos habían arrancado la vida.

Con el tiempo nos recuperamos y buscando alternativas, me hablaron de un trasplante doble de corazón y pulmón. Me pusieron en lista de espera y aunque mi caso era grave, le daban prioridad a otros que tuvieran más chance de sobrevivir. Mi situación era complicada, ahora sí sentía que era el final. Sin embargo, me sobraban razones para estar viva y acepté que me hicieran todas las pruebas para aspirar a un trasplante.

Como parte del proceso me hicieron un cateterismo. La anestesia no hacía efecto, entonces me pusieron tanta que entré en coma. Creo que esa fue una señal de alerta. Si me hubiesen hecho el trasplante, probablemente me hubiera quedado en el quirófano. Mi corazón y mis pulmones estaban demasiado débiles.

Mientras esperaba lo que la ciencia y la vida me quisieran ofrecer, me mantenía en casa. No podía ir de un cuarto a otro sin la asistencia de una bombona de oxígeno.

Un día, mientras almorzaba, llamó uno de los especialistas para informarme que no calificaba para el trasplante de corazón porque tenía comprometido el hígado.

Quedé en shock, no entendía cómo un médico podía ser tan insensible. ¡Qué falta de compasión! Hablábamos de asuntos de vida o muerte. Lloré y llamé a mi cardióloga. Le dije que no quería ver a ese doctor nunca más, que me acababa de dar una sentencia de muerte.

Como los árboles, yo también quiero morir de pie

Tenía dos opciones: esperar la muerte en casa o buscar la vida donde sea que estuviera. Esta misma doctora, que con el tiempo se convirtió en mi amiga, sugirió que me uniera a un grupo de apoyo conocido como Asociación de Adultos con Cardiopatías Congénitas. A partir de entonces cambié mi actitud y aunque seguía sin fuerza, me movía, asistía a las reuniones y no me sentía tan sola. Me di cuenta de que yo no era la única con mi enfermedad.

Conocí gente maravillosa, entre ellos a un señor que a pesar de tener sesenta años seguía vivo y con fuerzas. También me hice amiga de un muchacho que era atendido en la Clínica Mayo, en donde tenían lo último en tecnología para tratar a pacientes como yo. El estar rodeada de personas que entendían mi situación y aprender de ellos me animó a buscar ayuda.

En la Clínica Mayo encontré médicos espectaculares que me trataron la arritmia, me cambiaron los medicamentos que tomaba desde hacía cuarenta años y volví a ser yo. Empecé a dejar de sentir lástima por mí y hacer algo por los demás.

Con ayuda de una amiga que era mi coach, abrí un canal en Instagram. La idea era compartir mi experiencia como sobreviviente y motivar a las personas para que cambiaran su actitud y no se sintieran tan enfermas.

A este espacio lo llamé "You don't have to look sick". Allí hablaba de cómo cubrir los morados, qué tipo de base o pintura de labios usar, cómo tomar fotos para verse mejor. Estoy hablando del 2015, cuando Instagram todavía no era tan popular.

Todo esto me permitió transformar la tristeza y el miedo en acción. Si me iba a morir, lo haría trabajando y ayudando a otros.

Nació la Estrellita de Belén

Durante la pandemia de COVID-19, cuando nos quedamos encerrados sin poder salir, se intensificaron las comunicaciones vía internet. Mi espacio empezó a crecer y me contactaban de todas partes del mundo.
En una ocasión me escribió una señora venezolana que tenía un hijo con mi condición. Estaba desesperada y no sabía qué hacer. De inmediato la puse en contacto con mis médicos en Venezuela, pero su hijo no sobrevivió.

La muerte de aquel muchachito me afectó mucho. La desesperación de su madre fue el impulso que me hizo ver con claridad la misión que Dios tenía para mí.

Decidí crear una organización para ayudar a niños venezolanos. Allá no había nada, los hospitales estaban abrumados con el COVID y donde podían atenderlos, no contaban con recursos.

Llamé a mi grupo de apoyo para crear la fundación. Me guiaron y me dieron un aporte económico de 300 dólares. No era mucho, pero sirvió para empezar y sembrar las primeras semillas de esperanza.

Comenzaron a aparecer mamás necesitadas y también gente que tenía información muy valiosa. Era urgente conseguir dinero para pagar las citas con especialistas en clínicas privadas.

Vacié mi cuenta de ahorros y aunque fue un error, sirvió para darnos a conocer y que se supiera que teníamos la disposición de ayudar. A medida que respondíamos, la gente se comunicaba más. Vendí mi ropa, hice rifas, participamos en un hallacazo... al final de la jornada contábamos con diez mil dólares.

Una cita para ver un cardiólogo en Venezuela cuesta 70 dólares. Logramos hacer alianzas con clínicas y organizaciones sin fines de lucro para que nos cobraran lo mínimo. A través de la organización Corazón Guerrero nos acercamos a las familias de niños con cardiopatías congénitas. Nuestro objetivo era que los niños tuvieran al menos una evaluación. Una de esas clínicas, con la que todavía trabajamos, está en el estado Lara. Allí, el cardiólogo Bartolomé Finizola nos ayuda con los diagnósticos y algunos procedimientos no invasivos.

En Navidad conseguí que un restaurante me prestara un espacio y logramos llenar 10 cajas con juguetes para enviarlos a Venezuela. Esta nueva actividad me agotaba, pero me llenaba de alegría. Todo lo que hacíamos lo divulgábamos en Instagram y Facebook; sabíamos que la claridad y transparencia serían claves para continuar como fundación.

Para cerrar el año 2021 me invitaron a ser miembro de la Fundación Global Arch, cuyo propósito es unir a familias y pacientes con problemas cardíacos de todo el mundo. Necesitaban a una latina para llegarle a la comunidad de habla hispana.

Llegué a formar parte de la directiva, y gracias a ellos fui invitada como conferencista para hablar de los problemas cardiovasculares, de la organización y de mi caso que sorprendía a todos los cardiólogos, a quienes les parecía imposible que siguiera viva.

Yo era un ejemplo de esperanza y de vida. A dónde me invitaban iba a predicar y a pedir ayuda.

En el 2022 me invitaron a ser la conductora de un podcast llamado Guerreros del Corazón de difusión global, que incluso fue nominado a un premio. A medida que me daba a conocer y la gente escuchaba acerca de nuestra misión, aparecían más personas necesitadas de ayuda.

Hicimos una gala en donde logramos recaudar 5 mil dólares para diagnósticos y medicinas. Lamentablemente, la necesidad es muy grande y nos ha tocado ver morir a muchos niños cuyos funerales hemos pagado, aunque no es parte de nuestra misión. En mi país no hay quién ayude y hasta la compasión se está agotando.

La ONU me abrió las puertas

Frente al espejo, solita, lloraba y le pedía explicaciones a mi mamá: ¿Qué hago aquí, mamá? ¿Cómo es que terminé en el edificio de las Naciones Unidas en Nueva York? Estaba nerviosa, pero dispuesta a hablar de lo que sabía acerca de las cardiopatías.

Mi mamá ya no estaba, aunque me acompañó hasta que pudo. La última vez que hablamos ya no me reconocía, pero cantaba cuando escuchaba mi voz. Murió en Caracas después de un Alzheimer severo que nos convirtió en extrañas. Sin embargo, ella sigue conmigo, acudo a ella cada vez que la necesito y allí está, susurrándome lo que necesito escuchar.

Una vez más, mis deseos de vivir para servir a mi causa me abrían puertas insólitas. La organización Global Arch me designó como vocera para exponer la situación de las cardiopatías en Estados Unidos.

Frente a unas sesenta personas hablé de mí, de los niños y de mi fundación. Esta experiencia única me permitió nuevamente entender la razón de mi existencia. No era una persona conocida, ni famosa, ni rica. Soy yo, una mujer remendada, llena de fuerza, quién todos los días aprende que ayudar a otros es la mejor cura para mi corazón.

Mi condición no se cura, es para siempre. Llevo cincuenta y tantos años con ella y por eso sé lo que se sufre. Las transfusiones de hierro y de sangre, el dormir con oxígeno, el no poder ser anestesiada, ni caminar largas distancias... todo eso me limita, pero no me importa. Me anima pensar que soy útil, que sirvo para algo. Si yo, que cuento con recursos, a veces la paso muy mal, cómo se sentirán los niños venezolanos que no tienen nada. Ellos me han cambiado, son el motor que me mueve.

A la Estrellita de Belén, como se llama nuestra Fundación, se ha sumado mucha gente de aquí y de allá. El hijo de mi doctor, Iván Machado Hernández, es el médico consejero. Contamos con muchas mamás que canalizan las necesidades, consiguen citas y compran medicinas. Además, mi bello esposo, ya retirado de la Naval, es mi mano derecha. Me ayuda y me apoya en todo, también ha hecho de la fundación su propósito de vida.

Me encantaría visitar mi país, ver a mis niños, pero ya no puedo. Prefiero guardar mis fuerzas para cumplir con los planes que tenemos. Quiero crear un centro de ayuda para muchachos con cardiopatías congénitas, dónde reciban lo básico para vivir. Por ahora sé que cuento con varios médicos dispuestos a donar su tiempo, viajar y hacerles la cirugía paliativa en algún hospital o centro médico en Venezuela.

Mi esperanza es que muy pronto tendré el apoyo de alguna corporación que nos asigne una suma fija para poder planificar los tratamientos y cirugías con tiempo. Solo pido tiempo y salud para lograr las metas que me he trazado.

Hoy comparto la alegría que siento porque entre enero y febrero de 2024 logramos atender y diagnosticar a 70 niños venezolanos. Además, me acabo de enterar de que la Fundación Simón Bolívar, con sede en Houston, nos dará una ayuda para seguir haciendo tratamientos no invasivos.

Mi sueño se ha vuelto una realidad. He aprendido que no tengo control sobre todo lo que ocurre en mi vida, y confío en que seguirán apareciendo ángeles para mostrarme el camino y poder seguir cumpliendo con mi propósito. Estoy agradecida, me siento bendecida. Respiro y eso ya es un milagro.

Gracias por acompañarme hasta aquí.

MARYORI
DUARTE-SHEFFIELD

"Transformé el miedo... sí, el miedo a lo desconocido; me armé de valor, me desligué y emprendí una nueva aventura de vida aprendiendo a disfrutar lo que me pertenece vivir."

Así soy yo

Dicen que cuando no es para ti ni que te pongas, y cuando es tuyo ni que te quites. Aquel hombre era para mí, aunque llevaba 15 años divorciada y lo último que deseaba era un esposo.

El 27 de julio del 2000 junto a mi hijo me fui a los Estados Unidos, llegué a casa de mi hermana quien vivía en Indiana.

Meses antes había quedado sin empleo, después de trabajar por más de dos décadas en la industria automotriz, primero en la Ford y luego en Chrysler.

Con la fusión de Mercedes Benz y Chrysler me despidieron. La nueva compañía traería a sus ejecutivos, la persona que ocupó mi cargo era al menos diez años menor que yo además de ser ingeniero mecánico, me dieron "vacaciones permanentes", un buen paquete de compensaciones y me fui.

Amaba mi país, me encantaba mi trabajo, intenté buscar en otras empresas, pero lo que yo aspiraba era más de lo que ofrecían y no hablaba inglés.

Pocos días antes de mi despido hubo lo que se conoció como La Tragedia de Vargas, un desastre natural en donde desaparecieron varias zonas pobladas incluyendo un pueblo completo: Carmen de Uria y murieron miles de personas. Esta situación produjo una tristeza colectiva, no había ánimos para nada.

Ese mismo día, mientras la gente buscaba a sus familiares entre los escombros, recuerdo que Chávez, quien se creía Bolívar dijo una frase que me marcó y precipitó mis deseos de buscar opciones y salir de Venezuela: "Si la naturaleza se opone, igual iremos a votar". Él necesitaba ganar un referéndum que le permitiría cambiar la constitución y quedarse seis años en el gobierno en lugar de los 5 a los que estábamos acostumbrados.

Me tomó seis meses organizar todo y convencer a mi exesposo de que lo más conveniente para mi hijo y para mí era que nos fuéramos por un tiempo, a fin de cuentas, era yo quien mantenía a mi hijo y en Venezuela no encontraba el trabajo que me merecía.

Con mi primer esposo tuve una relación muy corta, lo conocí vía telefónica, él trabajaba en la CANTV internacional que era la compañía de teléfonos de Venezuela.

En esa época se requería de un operador para comunicarse con el extranjero. Su voz me cautivó, nos veíamos los fines de semana, aquellos encuentros eran maravillosos, no había espacio para diferencias, ni peleas.

Duramos 6 años de novios, nos amábamos y decidimos que era tiempo de casarnos. Él vivía en Caracas y yo en Valencia. Pedimos un préstamo y nos compramos una casa, a los seis meses salí embarazada.

Siempre he sido muy independiente, cuando mi papá murió yo tenía 14 años y hacía uñas para tener mi propio dinero. Mi mamá decía que era rebelde; en realidad me gustaba tomar mis propias decisiones y trabajar me daba libertad. Hoy en día lo he corroborado, no hay libertad de ningún tipo, sin libertad económica.

Cuando me casé y salí embarazada estudiaba. Mi esposo que prefería tenerme en casa me sugirió que suspendiera el semestre, así estaría lista para recibir al bebé. Lo hice, luego insistía en que dejara los estudios y el trabajo, lo llegué a pensar, pero aquello me incomodaba. Luego decía que no era necesario tener dos carros, que vendiéramos uno y que él me llevaría a dónde necesitara.

Me sentía ahogada, no llegamos a cumplir tres años juntos. No podía con su control y se me estaba acabando el amor. Nos casamos en 1982 y para el 85 ya estábamos separados.

No me firmó el divorcio; lo hizo muchos años después cuando a él le interesaba, porque temía que me fuera del país con el niño. Me atormentaba con sus amenazas, decía que se quedaría con el niño, la casa y el carro. Sentía que habíamos fracasado, lloraba mucho, me daba miedo el futuro.

Un día me llené de valor y con el apoyo de mi mamá y después de hablar con un abogado le dije mira: "Casa vuelvo a armar, carro vuelvo a comprar y niño vuelvo a parir", lo puse en tres y dos. Estaba aterrada, pero tenía que hacer algo para acabar con aquella sensación de miedo que me consumía. Me fui a casa de mi mamá y le dejé todo, incluyendo a mi hijo. No pasaron tres días cuando me llamó y me dijo: "No puedo hacerme cargo del niño, está bien, vamos a divorciarnos". Él quería a nuestro pequeño, pero cometió muchos errores. Cuando le tocaba recogerlo, lo dejaba esperando, le ofrecía cosas que no cumplía. Cuando mi hijo cumplió 11 años me dijo: "Mamá no quiero verlo más", no le atendió las llamadas, ni salió más con él.

Estuvieron distantes por un tiempo hasta que llegó el momento de irnos, pensé que no me daría la autorización para sacar el pasaporte, me equivoqué. El día acordado, se presentó en la oficina de identificación, me firmó la autorización y me pidió perdón, le dije que la relación era de dos. Nos abrazamos y en aquel momento sentí una felicidad indescriptible, me había quitado un enorme peso de encima, aprendí que perdonar sana, alivia y te libera.

Quién dijo miedo

Creo que perdí el miedo cuando me enfrenté a mi marido y fui capaz de decirle que se quedara con todo, incluyendo con mi hijo, no era verdad, pero pude hacerlo.

Después me atreví a sobrevolar la Isla de Margarita en un avión ultraliviano, dónde íbamos el piloto y yo. Que locura, no creía que fuera capaz de aquella hazaña. Aprendí a nadar siendo mayor y prácticamente obligada por mi jefe, en 1998 tuve que enfrentar mi miedo de hablar en público; tanto que en el año 2017 hice un TEDx Talk en inglés llamado Natural Helper | Maryori Duarte-Sheffield | TEDx Indianapolis | https://www.youtube.com/watch?v=7kiZenNq3kg

Transformé el miedo, así que dejar mi país y emprender aquella aventura junto a mi hijo a los 42, me parecía emocionante.

Me dolía dejar mi casa, mi familia y a mi mamá, pero sabía que ella era fuerte y la primera en apoyarme para que saliera del país.

Llegué a casa de mi hermana y mi cuñado con mi hijo de 17 años, quien por fortuna tenía conocimientos de inglés, yo no. Desde que era un niño lo enviaba a pasar vacaciones y en los campamentos con sus amigos, lo hablaba todo el tiempo.

Mi hermana y su marido eran una pareja amorosa y sólida quienes nos acompañaron durante todo aquel proceso de adaptación.

Nos hospedaron, me ayudaron a sacar el Seguro Social y mi licencia de conducir. En esa época era un procedimiento sencillo que cualquier inmigrante podía lograr. Estos documentos eran indispensables para comprar un carro, movilizarme, trabajar y sentirme independiente.

Me traje mis diplomas y credenciales y hubo una empresa que ofreció darme la visa de trabajo, pero tenía que aprender inglés.

Mientras eso ocurría, me tocaba trabajar. Empecé por hacer unos volantes en donde ofrecía mis servicios para limpiar casas. No pedía trabajo, ofrecía servicios, esa era mi mentalidad de gerente, aunque tenía claro que los comienzos serían difíciles haría lo necesario, para sobrevivir y salir adelante, todo era parte de un proceso.

En eso andaba cuando una muchacha venezolana me ofreció empleo cuidando a una pareja en edad dorada, de 8 am a 5 pm. Aquel fue uno de los trabajos más lindos que he hecho en mi vida. Era como una hija a la que le pagaban, o una dama de compañía. Los llevaba al médico, a sus fiestas, al casino, a restaurantes, a ella a la peluquería. Con el tiempo se convirtieron en parte importante en mi vida, estuve con ellos durante casi cinco años. Aunque mi inglés era malísimo, me defendía.

También trabajaba como voluntaria con un abogado de inmigración quién, a cambio de mis servicios, me ayudaría a sacar mi visa de trabajo, lamentablemente algo hizo mal, se equivocó en uno de los trámites y me la negaron. Tenía dos opciones: regresar a Venezuela o quedarme ilegalmente. Aquello me atormentaba, no me imaginaba viviendo a escondidas, sin documentos, pero regresar no era una opción.

Un día de febrero, mientras tomaba un café con una amiga colombiana, notamos que un hombre la miraba con insistencia, hasta que se acercó y con su español machacado, se autoinvitó a conversar con nosotras, pero le interesaba mi amiga. Buscando apoyo, se dirigió hacia mí, me dijo: "te voy a presentar a un amigo". Todo aquello nos daba risa, parecíamos adolescentes. Por cierto, el muchacho no estaba nada mal, pero mi amiga era casada y no estaba interesada en salir ni aceptar pretendientes. Aquella sorpresiva invitación era una distracción en medio de nuestra insípida rutina.

Ellos intercambiaron teléfonos y mi amiga sin yo saberlo, le dio mi número para que su amigo me llamara y así conectarnos en aquella primera salida.

Cuando llegué a mi casa, mi hermana me recibió con una sonrisa: "Te llamó un señor, que dice que es el amigo de tu amiga, que le devuelvas la llamada".

No entendía nada. ¿Qué señor?, ¿qué amiga? No tenía muchos amigos, ni me llamaba nadie, así que le contesté y me enteré, que se trataba del amigo de Sam, el chico que se nos acercó en el café.

Qué locura, el hombre quería verme pronto, lo llamé y me dijo: "Quieres que nos veamos mañana", con un marcado acento sureño. Al principio dudé, pero bueno tampoco era para novio, ni boda. Le dije ok.

Yo salía a las 5 pm de cuidar a la pareja encantadora, me ofreció recogerme porque vivía muy cerca de mi trabajo, pero preferí que nos encontráramos en un lugar público que ambos conociéramos, todo aquello era demasiado nuevo para mí.

Me describió cómo era y el carro que manejaba. El día de la cita decidí llegar unos minutos antes para esconderme detrás de un arbusto y verlo cuando llegara, por si no me gustaba lo que veía me marchaba sin pena ni gloria. Cuando lo vi bajarse de su camioneta, quedé encantada. Era alto, vestía una camisa de rayas rojas, un pantalón de kaki y unas botas de vaquero (dije por dentro: esas botas las boto).

Esperé diez minutos y me fui directo a comprar un café, en eso sentí su presencia imponente detrás de mí y me dice: "Te invito". Yo tenía un plan, si no me gustaba, desaparecería, lo llamaría con cualquier excusa y ya, hasta allí llegaría la aventura.

Me gustó lo que vi, hablamos dos horas, todo fluía. Me propuso que nos viéramos al día siguiente, no me podía resistir, me atraía aquel hombre, dulce, divertido que estaba presente en nuestra conversación.

De repente sonó el teléfono y se excusó, se levantó de la mesa, hablaba con mucho cuidado, pero con una calidez, que me producía algo de intriga. La curiosidad me mataba, pero no iba a preguntar, después de todo quién era yo para meterme en su privacidad.

Llegó el fin de semana y concertamos otra cita. Me invitó a su apartamento y lo que vi, me hizo recapacitar. Vivía sólo, allí no existía ni venía ninguna mujer, de eso no cabía duda.

Nos tomamos un café y no pasó nada, era muy respetuoso. De nuevo suena el teléfono, entra una llamada, una sonrisa tímida y sus monosílabos: "Si, claro, yo lo hago...". Llevábamos cinco semanas viéndonos, sabía dónde trabajaba, que le gustaba trabajar por su cuenta, que se había divorciado dos veces, que tenía 3 hijos, pero vivían con sus madres. Era un buen partido.

No me aguanté, y sin más preámbulos, le pregunté si tenía novia. Se puso rojo y lanzó una carcajada. "Es mi mamá"-me dijo-. Me fascinaba la manera como trataba a su mamá, yo amaba a la mía y en eso nos parecíamos, todo definitivamente sumaba. Cuando salimos, le robé un beso. Sí, fui yo quién lo besó primero.

Independencia, libertad y confianza

Aún en un país donde no tenía amigos y mi familia era contada, me gustaba tener mi espacio y ser libre, por eso aquel día cuando el nuevo amigo llegó a mi casa, sin aviso, no me gustó. Me molesté y se lo hice saber. No le había dado mi dirección porque siempre nos encontrábamos en el sitio acordado. Cuando lo vi, me sentí ahogada, vigilada, lo hablamos y no lo hizo más.

Conoció a mi hijo y hubo empatía casi de inmediato, se interesaba por él.

Llevábamos dos meses saliendo cuando me llegó la información acerca de mi visa, estaba muy triste y decidí suspender mis salidas. No tenía ánimo de nada, no veía opciones, le expliqué y me dijo que me tranquilizara que él buscaría otro abogado. Lo hicimos y en efecto, cuando revisó mi caso su respuesta me paralizó, tendría que salir y regresar en un tiempo o quedarme ilegalmente.

Me puse muy angustiada y se me notaba. En eso se acerca la secretaria del abogado, quien también era su esposa, me ofrece una servilleta y me pregunta: ¿Ustedes son pareja, son novios? Yo la observé y con duda, buscando apoyo, miré a Scott y le dije que sí. Me daba pena darle nombre a aquella relación de dos meses. Inmediatamente, como si fuéramos íntimas amigas lanzó la propuesta: ¿Y cuándo piensan casarse? En realidad, eso no estaba en los planes, al menos no tan pronto, sin esperar respuesta y tomando control de la situación, nos dijo: "Cásense ahora y lo celebran en diciembre".

Era un 14 de abril y Scott cumplía años, habíamos planeado ir a cenar. La verdad es que no me provocaba hacer nada, angustiada ante mi situación. En medio de la comida Scott, me toma la mano y me dice: "Te tengo una sorpresa, nos casamos en 10 días, ese es mi regalo de cumpleaños".

Me casé el 24 de abril del 2001, llevábamos 60 días saliendo. Ya para principios de mayo pude introducir mis documentos.

Confieso que sentí pánico, me gustaba aquel hombre, dulce y divertido, pero apenas lo conocía, amaba mi libertad, era una decisión extrema en medio de una situación muy difícil. Gracias a Dios que la tomé, pues ha sido una de las mejores de mi vida.

Yo me hospedaba con mi hermana y su esposo, no lo podía llevar a vivir conmigo, así que junto a mi hijo nos mudamos a su apartamento. Nosotros dormíamos en el cuarto y mi hijo en la sala. Organicé todo, porque como hombre solo al fin tenía la casa como mejor le parecía. Puse mis reglas y mi esposo empezó a entender la diferencia entre ser soltero y ahora casado.

Los amigos entraban a la casa como si se tratara de un hotel. Un día estando sola apareció Sam, el muchacho que me presentó a mi esposo, le di las gracias y lo más amable que pude le expliqué, que de ahora en adelante debía tocar la puerta. Se molestó y me dijo que aquella era la casa de su amigo, le contesté, sí claro, pero ahora estoy yo aquí.

La situación se aclaró y no volvió a ocurrir, pero tuve que hacer otros ajustes. Yo llegaba a las 6 de la tarde cansada y allí estaba mi amado, bien cómodo tomando café, fumando y viendo televisión. La escena no me gustaba y menos aun cuando me pregunta: "¿Qué vas a preparar para la cena?" Le dije, que allí había pan, jamón y queso. Me replicó: "Eso no es cena". Bueno, hay pollo congelado. Si querías cena lo hubieras sacado y lo preparábamos juntos. Si en algo estaba clara es que yo no sería la sirvienta de nadie, que, si él trabajaba, yo también y que si quería cena tendría que hacerla él o tal vez prepararla juntos.

Mi esposo era bueno y comprensivo... estaba dispuesto a hacer cambios, para que funcionara la relación, pero yo no era fácil. Seguía amargada, me molestaba el desorden, el olor a cigarros, me sentía atrapada porque mis documentos no salían y no podía trabajar legalmente. El 9/11 con toda la xenofobia que generó, retrasó todos los procesos de inmigración.

Un día estando en un consultorio médico leí un artículo que hablaba acerca de las tres maneras de levantar el espíritu, aconsejaba sobre la importancia descansar el alma, dejar el control y aprender a confiar... entonces entendí que el proceso para deshacerse de las cargas impuestas en el tiempo era lento y que Dios te da el poder para modificar lo antes aprendido si confías en Él. Comprendí que yo también tenía que cambiar, tener paciencia, ser más tolerante, éramos dos. Empecé a reclamar menos por los platos sucios y el desorden, a hacerme la loca y a sonreír más. Tanto mi hijo como mi esposo notaron la diferencia y empezaron a cambiar y a ayudar. Aquel artículo me sirvió muchísimo, desde entonces soy otra.

Llevamos 23 años de casados y hemos construido un hogar ideal para crear con amor, armonía y libertad; esa estabilidad emocional ha permitido que me desarrolle en todas las áreas que he deseado, especialmente en el servicio humano, amo a mi esposo y la paz que siento a su alrededor. Él me ha dicho que siente lo mismo, aunque quisiera que trabajara menos y nos dedicáramos más a hacer cosas los dos, no sé si eso es posible, todavía tengo mucho que hacer y ofrecer.

Scott se casó dos veces, tiene 3 hijos y 8 nietos. Con las esposas no hay mucho contacto, especialmente con la primera que nunca lo dejó de querer y estuvo tratando de intervenir en nuestra relación por un tiempo, hasta que dejamos de atenderle el teléfono.

La mujer lo llamaba e intentaba amargarlo, aquello traía una energía rara a mi casa. Un día la atendí yo y le dije que Scott no estaba. Enseguida, a manera de chisme, me comentó que mi marido se veía con una joven y que ahora mismo compartían en un hotel. Mi esposo estaba conmigo viendo televisión. Hasta ese día atendimos sus llamadas.

En cuanto a su mamá vive con una de las hijas y con ella mantenemos contacto frecuente.

Ese marine que fue a la guerra es venezolano y es mi hijo

Sí, los venezolanos también están en el ejército, son soldados y les ha tocado ir a la guerra a pelear por este país, nuestro país. Como madre, es una de las experiencias más duras que me ha tocado vivir. Experiencia que no quisiera que ninguna mujer viviera; hoy en día no podría tolerar que mis nietos, o alguien de mi familia fueran a la guerra, es demasiada angustia y dolor.

Mi hijo se graduó de bachiller, estuvo trabajando en varias empresas, tenía una novia a quien embarazó y formó su propio hogar, que se rompió durante su ausencia.

Su idea siempre fue ser militar, pero entre una y otra cosa, lo iba postergando, hasta que lo aceptaron y en el 2006 entró a la marina.

Yo siempre he sido solidaria y he respetado sus decisiones, pero mi hijo era lo único mío y aquella decisión me enfermó. No se trataba de ser negativa, pero es una realidad... a la guerra se va a pelear, me lo podían matar. La angustia me hacía comer, pesaba 60 kilos y empecé a engordar, más de lo que me hubiera gustado, la comida era mi refugio para compensar el dolor que me causaba la partida de mi hijo.

Se hizo US MARINE y para todos fue motivo de orgullo. Mi hijo se fue a la guerra de Irak, en Indianápolis dejó a su mujer, su hija, quedé yo. En medio de aquella tristeza, lamentablemente mi cuñado quien había sido su gran soporte y lo quería como un hijo, no pudo verlo regresar de su primer "tour" por Irak. Murió de un cáncer terminal que se lo llevó muy pronto. Su partida dejó un vacío enorme, en todos los que lo conocimos.

Nunca dejé de ser optimista, buscaba ver la luz detrás de la profunda tristeza que me embargaba. Trabajé más, ayudé más. Me reunía con las madres de otros jóvenes, compartíamos nuestras angustias, íbamos a los funerales. Intentábamos distraernos, pero no había manera, el tema seguía siendo el mismo: cuánto les queda, quiénes regresaron, quiénes no vendrán.

Mi hijo estuvo en total 14 meses ausente; cuando regresó de la guerra en Irak, gracias a Dios, conoció a una muchacha en un restaurante, se casó y de esta relación tuvo otros dos niños.

Su plan era continuar como oficial en la marina, pero me imagino que su esposa lo convenció de que se quedara con la familia. Aplicó al cuerpo de bomberos de Indianápolis, cumplió con los requisitos y ahora está feliz sirviendo a la comunidad de esa maravillosa organización en Indiana.

Con su papá hizo las paces y en el 2015 se lo trajo a vivir a nuestra ciudad. Aquí estamos todos, juntos, pero no revueltos. Scott, mi esposo, quien es muy divertido dice que ellos son los "Husband in Law." Entre ellos no hay problemas de celos o competencias de ningún tipo, somos adultos y a esta edad se olvida, se perdona y vives.

Somos más capaces de lo que creemos

Si algo he aprendido en el camino que he escogido recorrer desde que llegué a Estados Unidos, es que tenemos una enorme capacidad para crear y emprender, pero no lo sabemos.

Mi experiencia y las razones por las que me emociona contar mi historia es que podemos ser un ejemplo y ayudar a otras mujeres y hombres también a sobreponerse ante el miedo.

Nunca pensé dejar mi país, no me creía capaz de limpiar casas o cuidar a mayores. ¿Yo, una ejecutiva? Tampoco imaginé casarme con un desconocido. Tenía un motor, mi hijo y por él sería capaz de todo.

He aprendido tanto de mis angustias y mis miedos que cuando reviso mi historia, me asombro de todo lo que he hecho.

Cuando te quedas sin nada te vuelves simple, sobrepasas el orgullo y la soberbia y llegas a lo más profundo de ti, entonces desde la nada eres capaz de crear todo y lograr hasta lo que creías imposible.

Buscando progresar mientras cuidaba a los viejitos, mi esposo me propuso que lo ayudara. Quería independizarme y junto a mi marido hacer crecer su empresa de control de ambiente y demolición. Tomé todos los cursos posibles, me hice experta en plomo y asbestos, pero no era lo mío, a mí me gustaba trabajar con la gente, dar servicio, además se demoraban en pagar y yo prefería mi cheque seguro cada semana o quincena.

Un día estando en mi chequeo médico una enfermera notó como yo ayudaba a una señora que no hablaba inglés, apenas me defendía, pero me hacía entender y con mi inglés limitado hice que la ayudaran.

La enfermera me dijo: "Eres muy buena explicando y traduciendo, podrías trabajar como intérprete". Nos mantuvimos en contacto y cuando me necesitaban me llamaban, lo hacía sin cobrar nada.

—

Más adelante apareció un cargo en Wishard, uno de los hospitales más antiguos de Indianápolis. Mi responsabilidad era ayudar a los pacientes a pagar sus facturas, eran personas humildes que venían con problemas de salud y no tenían ni dinero, ni seguro, teníamos que hacerles un plan de pago.

Me gustaba mi posición. Los ayudaba a buscar la mejor forma de cancelar sus deudas según su situación. Les buscaba la vuelta, hasta que lograba acomodar sus necesidades a los planes que teníamos, pero no todos mis colegas hacían su trabajo y aquello me frustraba, podíamos ayudar más y no lo hacíamos. Hablé con mi supervisora y le presenté un plan que podría mejorar el sistema, me escuchó, pero no hubo cambios.

El último caso que me tocó fue el de un paciente a quien le cobraron 17 mil dólares a pesar de que calificaba para uno de los programas, revisé su historia, hablé con mi supervisora, logré que le condonaran la deuda, pero nada cambió, la gente no tenía vocación de servicio, a los siete meses renuncié.

Mi meta era entrar en el Departamento de Salud Pública y mientras trabajaba en lo que me ofrecían, estuve en Medassist, asistiendo clientes a resolver sus casos de deudas de salud... en fin me estaba preparando para lo que quería, trabajar de cerca con la comunidad.

El 14 de diciembre del 2009, después de aplicar siete veces, me contrataron en el Departamento de Salud. Hoy después de 14 años sigo allí, esa ha sido la plataforma que me ha permitido ayudar a la gente a través de todos los programas de asistencia con los que contamos, especialmente a quienes no hablan el idioma.

Doy charlas en inglés y español, asisto a los latinos en todo lo que requieren, pertenezco al Indiana Latino Roundtable, creado por mujeres para apoyar a la comunidad de habla hispana. Hoy en día se ha convertido en una coalición integrada por varias organizaciones que asisten a la población en general.

Me formé como Natural Helper, (ayudante natural) un programa que es la columna vertebral del "Immigrant Welcome Center" y que me ha permitido trabajar con personas que necesitan asistencia durante el proceso de adaptación a su nuevo hogar en Indianápolis.

Desde que llegué a este país, no ha habido curso, ni seminario que no haya tomado, para prepararme y tener las herramientas que me permitieran estar lista para entrar al Departamento de Salud, esa era mi meta.

Consideraba que trabajando allí podría asistir a los hispanos. Sé lo que se sufre, cuando tienes un problema de salud o te sientes mal y no te entienden.

Quería aplicar mis conocimientos ahora como bilingüe y entre los cursos que tomé estuvo el de Bridging the Gap, en donde te preparaban para ser traductor en el área de salud; como parte de mi formación tenía que hacer prácticas en hospitales.

Durante las pasantías, recordé a la enfermera que me aconsejó que trabajara como intérprete. Me ofrecieron el caso de una señora que tenía un niño recién nacido con labio leporino.

El niño no podía comer normalmente, debía ser alimentado por vías gástricas insertadas directamente a su estómago... para operarlo había que mejorar sus condiciones físicas, para ello lo enviarían a un "Foster home" de no conseguirse una persona bilingüe que asistiera a la madre durante este proceso. Pensar en esto me llegó al alma como madre y sin pensarlo acepté este reto.

La pobre mujer no entendía el proceso, ni en español, ni en inglés. Me entrenaron y con mucha paciencia le expliqué y apoyé en lo que tenía que hacer para alimentar a su bebé. Por mí ese bebé estaría siempre con su madre.

Todos los días llegaba a su casa antes de ir a mi trabajo y en la tarde cuando salía. El niñito engordó y lo operaron. Ese es el tipo de trabajo que hacemos como Natural Helper, a través de los programas del Immigrant Welcome Center.

0-800 Maryori y los golpes que enseñan

A mí me han ayudado, por eso siento la necesidad de servir, no solo a través de mi oficina, sino a nivel personal. A mi casa llega gente todo el tiempo, algunos ni me conocen. Me llaman porque alguien les dio mi número personal y yo les oriento. Me siento feliz, porque después de todos estos años conozco los caminos y es muy grato poder dar la mano al que lo necesita.

Tengo un amigo que me puso el apodo de 0-800 Maryori, aunque la verdad es que mi número personal lo tiene Raquel y todo aquel. Mi amigo les dice llamen a Maryori que ella te resuelve. Hago lo que se puede, y sé que cuando hacemos este tipo de trabajo, sin proponérnoslo dejamos un legado. Quisiera que eso se multiplicara, que muchos lo hicieran, es increíble la alegría y el bienestar que se siente cuando ayudamos.

No voy a negar que también se sufren decepciones, tuve que recibir unos cuantos golpes para aprender a diferenciar las buenas manzanas de las malas, y hacer la distinción para que lo adverso no afectara mi trabajo ni mi alma.

Me ocurrió con una amiga que conocí en mi etapa de adolescente; la ayudé, la puse a trabajar los fines de semana con los viejitos, quienes eran mi tesoro. La recomendé para que los cuidara. Esta mujer a quien ayudé de mil maneras me traicionó con lo que más amaba, mi hogar.

Había mucha tensión en mi casa, notaba que, entre ella y mi mamá, quien para entonces vivía con nosotros, había un secreteo, una conspiración en contra de mi esposo. No pasó a mayores. Ella se casó y se fue.

Una mañana fría, con nevada fuerte, muy temprano y en piyamas, llegó a mi casa llorando, el marido la había maltratado. De nuevo la auxilié y en medio de su llanto me pidió perdón. Perdón por qué, - pregunté - porque no he sido buena contigo; tenía una taza de café caliente en mi mano y me contuve con todas mis fuerzas para no lanzársela en la cara...estaba tan mal que esperé otro momento, pero me quedó la espinita.

Luego hablando con mi mamá, quien ya estaba en Venezuela, me contó lo que mi amiga le había dicho. Me enteré de que desprestigiaba a mi esposo, decía que me maltrataba algo totalmente alejado de la realidad, por eso mi mamá se fue y empezó a rechazarlo.

Más adelante, al conversar con mi esposo, me contó que mi amiga le había propuesto que se mudara con ella. Mi esposo era indiferente y se hacía el loco. Al preguntarle por qué no me lo dijo, me respondió ¿me hubieras creído? porque él sabía lo mucho que yo la apreciaba por los años de amistad, y no podía causarme ese dolor, incluso llegó a pensar que estaba medio mal de la cabeza, lo cierto es que no le dio importancia.

Finalmente, "mi amiga" se casó y se fue. Nunca hubiera sabido lo que ocurría en mi casa, frente a mis ojos, sino es porque ella misma abrió las puertas para contarme su verdad a medias y pedirme perdón.

De esta historia aprendí que hay gente envidiosa y mala, pero que la mayoría son buenos y que lo que me hizo una persona no puede afectar ni limitar mis deseos de servicio. Duele, aprende uno claro que sí, pero no cambia mi actitud. Sigo abriendo puertas para que la gente que me pide ayuda encuentre el camino.

Para llegar hasta mí lo hacen de muchas maneras. Tenemos un grupo de WhatsApp, que administramos tres personas. Allí damos orientación, pero limitamos los anuncios comerciales.

Queremos proveer información que beneficie a la gente: Ferias de salud, ayuda con abogados, casas de alquiler, vacunas y servicios gratuitos para los que las necesiten, entre otras cosas. No aceptamos ni promovemos actividades que pudieran ser ilegales. Por ejemplo, hay personas que alquilan sus cuentas para hacer entregas, aprovechándose de la necesidad de otros y no lo permitimos. Les hablamos, les explicamos y si no entienden los bloqueamos, somos bien estrictos.

Entendemos que hay personas que están empezando con sus pequeños negocios, quieren ofrecer sus productos, pero sin avasallarnos ni convertirnos en una página de avisos clasificados.

En Facebook también contamos con otra página: Venezolanos Amigos en Indiana, allí no se acepta ningún tipo de anuncio con fines comerciales... queremos mantenernos conectados para ayudar, no para lucrarnos.

Soy integrante del Mayor's Latino Advisory Council MLAC, un grupo nutrido de hispanos que asistimos al alcalde de Indianápolis en asuntos relacionados con la comunidad latina.

En Indiana también soy miembro de la Asociación Venezolanos Unidos en Indiana, una organización que nació con el propósito de promover la cultura y los valores venezolanos, además de acercar a nuestra comunidad a través de festivales, fiestas, ferias y eventos educativos y culturales.

Desde 2006 cuando se registró legalmente como organización sin fines de lucro, sus miembros han trabajado activamente para cumplir con estos objetivos.

Sin embargo, cuando todo parecía estar funcionando, con el cambio de la Junta directiva en el 2015 notamos que no había registros, ni recibos de los trámites bancarios, ni estados de cuentas, las cuentas bancarias cerradas.

Se sentía que había irregularidades, gastos exagerados, números que no cuadraban; entonces salvando los obstáculos puestos por la presidente saliente, los miembros de la nueva Junta Directiva lograron hacer una revisión exhaustiva y se decide solicitar una investigación policial y suspender las actividades temporalmente.

La situación de mal manejo de fondos fue evidente que nos vimos en la imperiosa necesidad de solicitar ante el gran jurado de Investigaciones del Departamento de Policía Metropolitana de Indianápolis que la expresidente fuera investigada; y sin saberlo nosotras, al mismo tiempo corría otra investigación por un caso de fraude en la empresa donde ella trabajaba, y se encontró que había incurrido en actividades ilícitas por las cuales fue condenada a prisión.

No quería mencionar este episodio negativo, no fue nada fácil, pero es importante que la gente sepa que este silencio que hizo tanto ruido en nuestra organización tuvo un propósito. El objetivo de la pausa fue limpiar y reorganizar para empezar con gente e ideas nuevas. Allí nos encontramos hoy, y gracias al trabajo voluntario de mucha gente, la asociación continúa promoviendo nuestra cultura y acompañando al venezolano que llega para facilitar su adaptación a la nueva vida.

Qué quiero y hacia dónde voy

Sigo soñando, soñar es indispensable para vivir motivada. Desearía mudarme a la Florida, por eso estoy tocando puertas y sé que para mí todavía hay oportunidades. Me aferro a la fe y recuerdo cuando llegué, sin nada, hoy he conseguido casi todo.

Cuando me despierto me miro al espejo y digo: Hoy va a ser un gran día, habrá tropezones, pero esas caídas dejarán aprendizajes.

Por lo general mi vida transcurre en paz, creo que los años te enseñan a escoger las batallas, ganaré algunas y perderé otras, cada vez son menos los que me pueden herir. A estas alturas trato de reunirme sólo con gente buena, doy lo que soy y lo que tengo y de verdad eso va directo a mi cuenta personal.

Cuando das de lo que tienes, es como si hicieras un depósito que se multiplica y se te devuelve.

Hace unos días me tocó ayudar a una señora que recién había perdido a su marido, su situación era bien complicada. No me pidió nada, pero sabía que estaba urgida, la ayudé y a cambio me regaló una oración bellísima, porque era lo que tenía.

Sus palabras en momentos cuando yo también estaba necesitada me iluminaron y llenaron de gozo. Hablaba de como cuando damos, se multiplican las oportunidades y riquezas. "Quién contra mí, si tengo a Dios a mi lado".

Ese día, nos confirmarían el aumento de sueldo que nos habían ofrecido.

Esperaba un cinco por ciento, de lo contrario, tendría que buscar nuevas opciones. Para mi sorpresa el aumento superó todas mis expectativas. Se me salieron las lágrimas, nunca pedía para mí, pero necesitaba un milagrito. Agradecí a Dios que se manifestaba claramente, también agradecí a mi jefe, quien conmovida por mis lágrimas me dijo: "Tú vales mucho".

Pertenezco a una generación para quienes la edad no ha sido un impedimento. No hay límites para crecer, servir y ayudar, a eso me he dedicado toda la vida. A veces pensamos que no podemos servir porque no contamos con recursos económicos, cada ser humano es único y por supuesto, tiene algo especial para compartir.

Ayudas cuando escuchas o das una información, ayudas sonriendo y animando a otros. Por ahora, aunque debería desacelerar el paso, no quiero, no puedo, necesito seguir siendo la mano amiga y mantenerme creativa para ayudar desde donde estoy.

Estas historias que hoy compartimos espero sirvan de inspiración para los miles de inmigrantes que llegan buscando oportunidades, especialmente las mujeres, a quienes les toca muchas veces solas, ser la cabeza y la guía en sus hogares.

Las oportunidades están allí, si te atreves a soñar en grande y sin miedo, como lo dije al principio tenemos una enorme capacidad para crear y emprender y a veces no lo sabemos.

Tengo más de sesenta años y estoy aprendiendo a montar bicicleta, bueno un triciclo, porque una caída a esta edad sería terrible, por ahora hago tres kilómetros diarios, que iré aumentando.

Si se me da lo de la Florida y me contratan en lo que quiero, seguiré haciendo lo que he hecho siempre, ayudar, abrir caminos y compartir con este hombre bueno que Dios me mandó, cuando lo único que quería era tener una visa para trabajar.

Espero continuar hasta que el cuerpo aguante y morir de pie como los árboles.

Gracias.

ANA
GIL GARCÍA

"El mundo me abrió las puertas."

Buscando el camino que me lleve a casa

Si, pertenezco a este grupo de mujeres que salimos de Venezuela para formarnos, crecer e intentar traer lo mejor para sembrar y cosechar en nuestro país. Vine primero como estudiante internacional, y más tarde, con documentos para trabajar, no por eso mi experiencia ha sido más fácil.

Cuando salimos la vida nos obliga a hacernos fuerte para enfrentar batallas para las que muchas veces no estamos preparados. Esta es mi historia que comienza en Boca del Pozo, un pueblito rural en la Isla de Margarita en Venezuela. Agradezco tu compañía y espero que mis vivencias te ayuden a seguir adelante cada vez que te sientas perdida. No estás sola, el camino está lleno de ángeles.

Nací de milagro. El médico que atendía a mi mamá me entregó a la abuela y le dijo: "Tome señora, está muerta, tengo que salvar a la mamá". Esta era la historia preferida de mi abuela, porque significaba que, gracias a ella y a su fe, estaba viva.

Tuve el privilegio de conocer y vivir con mis cuatro abuelos. Fui su primera nieta. Mis abuelos eran parejas hermosas de quienes recibí las muestras de cariño que nunca tuve ni de mi papá, ni de mi mamá. Mis abuelos, ambos de ojos claros, piel muy blanca y de origen europeo, se casaron con dos bellas indígenas de la región que me vio nacer, Macanao.

Ana, la mamá de mi papá, era una india religiosa, quien en un cuartico de su casa creó la primera escuela del pueblo. Ella me decía que siempre tuvo vocación de enseñar y por eso yo era educadora, aunque la verdad es que su intención fue siempre que los niños aprendieran a leer, para enseñarles el catecismo.

Mi abuelo Chico Manuel vino de Punta de Piedras para Macanao a radicarse y conoció a mi abuela Ana. Los dos hicieron hogar entre Macanao y Punta Arenas, donde mi abuelo se convirtió en pescador. Era un hombre altísimo, con quien aprendí a comer cuanta cosa se moviera en el mar, especialmente sardinas. Me sentaba a su lado, a la orilla de la playa y me contaba historias, mientras cocinaba a leña el pescado del día y me los metía de a pedacitos en la boca. De la unión con Ana nació mi papá. Un hombre autoritario e inteligente, sin muchas aspiraciones, a quienes los abuelos, Teodoro y Bonifacia, por el lado de mi mamá, rechazaban porque era bastante oscuro. Mi mamá lo amaba, así que sin esperar la bendición de sus padres se fue del pueblo y a escondidas hizo oficial la boda.

Bueno, volviendo a mi resurrección, la abuela me contaba que el día que mi mamá empezó con dolores de parto intentaron llevarla a Porlamar, donde había un pequeño hospital, pero la marea estaba tan alta que los carros no podían cruzar el pequeño istmo que existe entre la península de Macanao y Porlamar. Por orden del médico del pueblo se regresaron a la casa de mis abuelos maternos donde esperaban ansiosos, noticias.

Mientras el doctor ayudaba a mi mamá, llamó a la abuela y le dijo: "Señora Anachepa, han pasado muchas horas, no oigo el corazón del muchacho". Salió del cuarto y le comunicó a mis abuelos: "Intentaré salvar a la madre". Tristísima recibió la abuela aquella cosita resbalosa que se le escurría entre las manos. Estaba morada, ahogada con el cordón umbilical alrededor del cuello. Mi abuela Chepita, así la llamábamos, me contó que el doctor le hizo señas para que me limpiaran, pero le aseguró que estaba muerta. Ella deseaba tanto a ese bebe que se puso a rezar, al tiempo que pedía que le trajeran agua caliente y agua fría para estimular la sangre, me imagino. En eso escuchó como un gruñido procedente de mi garganta, me dio respiración boca a boca y lloré. Había nacido su primera nieta.

Me pusieron el nombre de mis dos abuelas, Ana por mi abuela paterna, Bonifacia por el lado de mi mamá. El Bonifacia, me lo quitó mi maestra de tercer grado que veía cómo los niños se burlaban de mí, (eso que ahora llaman bullying, lo viví desde muy pequeña). Un día me paró frente a la clase y dijo muy seria: "Ella se llama Ana Boni, nada de Bonifacia". En esa época las maestras tenían autoridad y "Dios libre" que alguien las contrariara. Me quedé callada, pero en silencio, agradecí aquel gesto de solidaridad de mi maestra, porque evitó más sufrimientos de los que me merecía.

Mi tía Maximita, hermana menor de mi mamá, me puso el sobrenombre de "Nena", como todavía me llaman en casa.

De mis abuelos maternos heredé la vena musical y el canto. Las celebraciones de los García Marín no son fiestas si no aparecen el cuatro, arpa, guitarra, maracas y otros instrumentos musicales ejecutados por mis tíos y primos. ¡Mi mamá cerró uno de sus sueños cuando acompañada musicalmente por sus hermanos, grabó un disco con 12 boleros para celebrar sus 90 años!

Me gustaba estudiar, era disciplinada y buena, hacía lo que me mandaban y las maestras me lo celebraban. La escuela para mí siempre fue un escape, un refugio donde se valoran mis esfuerzos y a pesar de ser muy pobre, no me sentía menos porque siempre sobresalía en mi clase.

De aquellos días de mi infancia recuerdo que llegamos a vivir en una casa linda en Porlamar. Mi papá compró un terreno y la mandó a construir. Allí vivimos por dos años junto a mis cuatro hermanos menores. Un día sin avisar llegó una gente con un camión de mudanza y se llevaron todo. Mi papá no estaba, así que la persona que encabezaba el grupo le explicó a mi mamá que unos días antes, en una mesa de juego, mi papá había apostado la casa... y la perdió.

Impotente sin saber qué hacer y conociendo a su marido, recogió lo que dejaron: la ropa, los cuadernos, un par de ollas, los metió en una caja y nos fuimos a un galpón que temporalmente le ofreció su papá para que nos acomodáramos, mientras conseguíamos donde mudarnos.

En aquel lugar húmedo y caluroso, donde flotaban los zapatos cuando llovía, vivimos un buen tiempo hasta que mi mamá empezó a trabajar y nos mudamos.

Mi mamá era una mujer fuerte y decidida que no hablaba mucho, ni daba explicaciones, su única debilidad fue siempre mi papá, a quien le aguantaba todo. Cuando mi papá no estaba, cantábamos y jugábamos, mientras ella silbaba, una habilidad muy celebrada en su familia. Éramos niños felices. Todo cambiaba cuando llegaba él. Si la comida estaba muy caliente o no le gustaba, lanzaba los platos al aire y se enfurecía. Mi mamá era tan sabía que primero, le servía a él y a mí, la mayor, para que los pequeños no vieran la violencia que se sentía en la mesa. Ella sabía que yo era fuerte y me asignó la tarea de comer con mi papá, como la hermana mayor que era.

Mi papá llegó a ser líder sindical de la industria petrolera, aunque de allí no percibía nada. Durante ese tiempo vivimos en Güiria, estado Sucre. Tengo lindos recuerdos de mi mamá y mi papá saliendo a bailar y disfrutar en los clubes locales. La industria petrolera cerró en Güiria y nos regresamos a Porlamar donde mi papá se dedicó a la venta de pescado, verduras y frutas que traía de tierra firme. Creo que sus ingresos provenían de las ventas, o tal vez del juego, no sé, en mi casa no se hablaba de eso. Mi papá era el que mandaba y su presencia nos causaba miedo.

Somos seis hermanas y dos hermanos y siempre percibí que, por ser la mayor, nunca me trataron como niña, yo era un "varón"; por eso a temprana edad me asignaron responsabilidades que no me gustaban, pero las hacía. Por ejemplo, cuando partí hacia Caracas a estudiar mi carrera universitaria, al regresar de vacaciones, mi mamá demandaba ayuda con mis hermanos menores. ¡Corregía tareas, reprendía a los menores, hasta aceptar peticiones de manos de mis hermanas! Todo lo que debía hacer mi papá, pero no hizo, me tocó a mí.

Por los años sesenta, comenzaba la Zona Franca, eran días prósperos. A Margarita llegaba de todo procedente de Estados Unidos y Europa. Las carencias en casa eran muchas. Mi mamá entendió que podía trabajar en una tienda cercana y se ofreció a limpiar el almacén antes de abrir al público diariamente. Nos levantaba a las 5 de la mañana y nos llevaba con ella para que la ayudáramos. A las 7 nos decía: "Ya váyanse para la escuela". Pasábamos por la casa dónde nos esperaba un Toddy y un pan con mantequilla que sabía divino.

Creo que mi mamá toleraba todo, menos que hubiera otra. Cuando se embarazó de su hijo número cinco, a unas cuadras más arriba, "la otra" también esperaba un muchacho de mi papá. Esto no impidió que siguieran juntos y que mi mamá se embarazara de tres muchachos más.

Mi papá nunca dejó de ejercer su autoridad. Controlaba nuestras vidas, recuerdo que siendo adolescente no me permitía usar trajes de baño, ni pantalón corto en aquel calorón. Me acostumbré a tener dos vidas: una dentro de mi casa: sumisa y dócil y la otra fuera. Salía de clases y con mis amigos íbamos a comer a la playa, a las heladerías, todo a escondidas.

Con el tiempo mi mamá se convirtió en comerciante. Ella compraba ropa, pantalones de Kaki, cigarrillos, whiskey en la zona franca para vender en Cumaná y Puerto la Cruz. Entendió que estaba pasando más tiempo fuera de la casa por su trabajo y decidió dejar a mi papá, a quien no le conocíamos un trabajo permanente y nos mudamos a Cumana, estado Sucre.

Cambios, mudanzas y mi nueva vida

Cuando nos fuimos a Cumaná, mi mamá ya era independiente, lo que nos permitió llevar una vida más estable. Para ese momento, yo tenía mi título de bachiller del Liceo Nueva Esparta de Porlamar, había iniciado mi primer semestre de en la carrera de biología en la Universidad de Oriente de Margarita, y tenía claro que mi carrera no estaba en un laboratorio, sino en un aula de clases, enseñando.

De Margarita salí soltera, quería ser profesora y me aceptaron en el Instituto Pedagógico de Caracas. Un primo de mi papá al que llamábamos "tío" que vivía en Caracas, convenció a mi papá de que en la capital habría más oportunidades y que me dejara ir.

Me mudé a su casa y su familia me adoptó como si fuera su hija. Casi al final de mi carrera universitaria conocí al que sería mi primer novio formal, que se convertiría en el papá de mis dos hijos.

Mi papá no vino a la boda así que el "tío" fue quien me llevó a la iglesia. En realidad, mi papá, por razones que aun no entiendo, nunca asistió a ningún acto de graduación de sus hijos, ni a sus matrimonios o a los bautizos de sus nietos. Nos quería, pero era indiferente a sus logros. Ni siquiera se ocupó del que tuvo con "la otra". A ese medio hermanito, aun viviendo en Margarita, lo veíamos vendiendo empanadas cuando salíamos de la escuela secundaria. ¡Nos daba mucho dolor! Mi mamá terminó criándolo después de pedirle permiso a su mamá y a mi papá. Hoy en día es mi hermano del alma. La única diferencia entre él y nosotros es que no se apellida Gil, tampoco le interesó.

Mi luna de miel la pasamos en Disney World de Orlando, lugar donde viajaba la mayoría de la gente.

Compramos un paquete económico que incluía hoteles y paseos. Nunca imaginé que dos años después volvería becada por la Fundación Mariscal de Ayacucho, con mi marido y un muchachito de 10 meses.

Me había graduado de profesora de Biología y Química y daba clases de educación sexual (puericultura), en un liceo en un barrio de Caracas, cuando escuché que estaban dando becas para estudiar en el exterior. Me pareció una hermosa aventura, aunque no conocía la cultura americana y sabía el inglés básico que aprendemos en el bachillerato.

Todo fluyó muy bien, menos las críticas que recibimos de la familia. La mía decía que por qué me iba si yo era "el pilar de la familia", y la de él, que cómo era posible que dejara a su mamá sola. Nos fuimos y aunque fue difícil adaptarnos, esta separación de la familia nos acercó como pareja.

Primero fuimos a Cleveland (Ohio) para estudiar inglés, y después de seis meses, a un pequeño pueblo rural Martin, Tennessee, donde los dos terminamos con un postgrado.

Una Margariteña en USA

Durante mis estudios de secundaria y en la universidad, aprendí un inglés elemental, especialmente la gramática. Al llegar a Cleveland me hicieron un examen de proficiencia en inglés para ubicarme en el nivel correspondiente. Para mi sorpresa y la de mi consejero, obtuve un puntaje de 98 sobre 100. Sabía la gramática, podía escribir y leer, pero no entendía nada.

Ante esta situación académica ambigua, la institución decidió diseñar un programa personalizado en el cual pasaba todo el día viendo las novelas en televisión para aprender los diálogos y en el laboratorio escuchaba canciones de Frank Sinatra que tenía que cantar siguiendo las letras. Era divertido y sin darme cuenta empecé a soltar la lengua. Lo cómico fue que adquirí los manierismos, gestos y la actitud de la gente de la televisión y me veían como rara. Con el tiempo aprendí a comunicarme como la gente normal, eso sí, con mi acento Margariteño.

Después de pasar mi examen de inglés, me aceptaron en la Universidad de Tennessee. Este fue no tan solo la institución, pero también el estado que recibió a los primeros becarios del prestigioso programa de becas Gran Mariscal de Ayacucho de Venezuela.

Martin (Tennessee) era una comunidad rural muy sencilla que nos acogió muy bien, especialmente el "Father Mike" quien nos presentó a una pareja de profesores de la Universidad, Mary Helen y Robert, que nos adoptó como familia. Con ellos aprendimos acerca del Día de Acción de Gracias y las celebraciones patrias de este país. La iglesia del padre Mike, tuvo un gran papel en acercar a los venezolanos recién llegados.

Nos adaptamos, pero no fue fácil, apenas estaba aprendiendo a ser mamá y entre las obligaciones que eran muchas, en un idioma que no era el mío, el bebé y el marido, terminaba exhausta.

Además, la culpa no me dejaba. En Cleveland, por ejemplo, tenía que dejar a Julián muy temprano, en una guardería donde él era el único blanco. Me pregunto si notaría la diferencia.

Mi hijo aprendió a hablar inglés primero que yo, me pedía cosas y yo no lo entendía, me agarraba de la mano, las mostraba y decía: "Cookie, cookie", señalando las galletas, ¡ah!, le decía, quieres una galleta. Así poco a poco entendió que conmigo tendría que aprender a pedir las cosas en español y yo aprendí un vocabulario propio de cosas de niños que no sabía.

Dieciocho meses después regresamos a Venezuela, mi esposo obtuvo una maestría en Administración y yo otra en Diseño Curricular para Educación Superior.

Agradezco mucho lo que me dio aquella hermosa gente de Tennessee, en dónde dejé amigos que se convirtieron en familia y a quienes visité años después para mostrarle a mi hijo Julián el sitio dónde había transcurrido parte de su niñez.

De vuelta a Venezuela me dieron una posición de supervisor en la Zona Educativa de Caracas, la más grande del país. De manera accidental, uno de los Jefes de Distrito se jubiló y por mis credenciales, el Ministro me pidió que aceptara la posición de manera interina y temporal mientras conseguían el reemplazo definitivo. Era un cargo político que todo el mundo quería, menos yo.

El sindicato de docentes era del partido de oposición y yo era militante del partido gobernante. El sindicato aspiraba a poner a uno de los suyos en el cargo que utilizarían para hacer favores a sus partidarios.

No me querían, me hicieron la vida imposible. Llegué a tener guardaespaldas porque recibía amenazas constantes. En una ocasión me pincharon las cuatro llantas y me secuestraron en mi oficina, querían que me fuera, a decir verdad, yo tampoco quería estar allí, era muy joven y prefería enseñar.

Me puse flaquita de tanta presión, aguanté siete meses hasta que me recomendaron para hacer un curso de especialización pagado por la Organización de Estados Americanos (OEA) en donde obtuve una especialización en currículum para la educación básica.

Con mi nueva credencial concursé a una posición como profesora en el Pedagógico de Caracas. Casi veinte dos años estuve en el cargo donde no tan solo daba clases, sino que llegué a ocupar cargos de liderazgo en la institución. Durante ese tiempo hice mi doctorado en Michigan y a mi regreso pude crear programas y proyectos para implementarlos en mi país.

Cambios, oportunidades y riesgos

Qué sabroso era leer el periódico "El Nacional" los domingos. Uno estaba tranquilo, relajado en familia, revisando todo lo que ocurría en el país.

Aquel domingo me topé con un aviso de la Embajada Americana donde ofrecían una beca para hacer maestría. La ayuda venía a través del Programa Fulbright, que promovía intercambios de estudiantes para Estados Unidos.

Amo los cambios y quería completar mis estudios haciendo un doctorado.

Me llamaron para una cita, querían entrevistarme, éramos nueve aspirantes.

Cuando me tocó mi turno, me recibieron cuatro personas: Dos miembros de la embajada y dos representantes del Programa Fulbright-Laspau. Allí me informaron que otorgarían solo una beca para el país y que yo no calificaba, porque ya tenía una maestría. Lo sabía, pero no quise desaprovechar la oportunidad para hacerles una propuesta: Haría un doctorado, ellos me pagarían los primeros dos años y luego, conseguiría otra beca para completar los otros dos años que exigía el doctorado. Me escucharon y se rieron, les parecía divertido mi atrevimiento. Se excusaron y me dijeron que por ahora el plan era dar una beca para una maestría.

La entrevista fue en diciembre de 1987. El 3 de febrero de 1988, cuando me preparaba para celebrar mis 37 años, me llamaron para decirme que me financiarían los dos primeros años. Mi plan funcionó, sin duda.

No le había comentado nada a mi esposo porque hasta entonces, era sólo una propuesta. Además, había otros aspirantes que sí tenían los requisitos que buscaba la embajada, así que prácticamente había descartado la posibilidad de viajar a través de este programa.

Cuando le di la "buena noticia", la respuesta de mi esposo fue seca y contundente. Creo que arrastraba su propia frustración de verme crecer y ocupar cargos muy altos. Él, por el contrario, se ocupaba más de los niños que yo. Debo admitirlo, era excelente como papá. Yo amaba a mis hijos, pero odiaba las tareas del hogar. "Vete tú, -me dijo-, yo me quedo con los muchachos".

Habíamos tenido algunos roces porque me reclamaba que yo no estaba en la casa, que no atendía suficientemente a los niños.

No sé cómo decirlo, pero lo he visto en muchas amigas profesionales. Cuando las mujeres nos preparamos, avanzamos y ocupamos posiciones relevantes, se nos acusa de " malas madres". Nos sentimos culpables, porque se supone que nuestra función principal es ser mamás y esposas. A los hombres no les ocurre igual. Llegan de sus jornadas de trabajo agotados, esperando ser atendidos y si medio se ocupan de los niños, los aplaudimos como si fueran héroes.

En mi casa vi mucho machismo y maltrato verbal contra mi mamá, quería cambiar el patrón para mí, para mis hijos y las generaciones a las que pudiera influenciar; así que me compartía entre el marido, los hijos y la profesión lo mejor que podía, nunca era suficiente.

Aprendiendo con lágrimas

Cuando uno desea algo lo consigue. Creo en eso firmemente, aunque les digo amigas, hay que trabajar muy duro, esforzarse. Nos tomó casi un año organizarnos para irnos de nuevo a estudiar.

El Programa Fulbright me pagaría los dos primeros años del doctorado. Por su parte, mi marido logró que la Fundación Gran Mariscal de Ayacucho le financiara media beca para terminar su postgrado. Ese diciembre de 1988, en medio de una nevada brutal, llegamos a Kalamazoo, Michigan.

Nos fuimos los cuatro miembros, la familia completa. Recuerdo que cuando entramos al apartamento helado, me puse a llorar. Otra vez pensaba en mis hijos, y lo mala que era. Les estaba quitando a sus abuelos, sus primos, su familia y amiguitos de la escuela. Los estaba sacando de su zona de confort, de su país calientico, lleno de amor, a esta nevera, donde no conocían a nadie.

El tiempo, como siempre, es la mejor cura que poseemos para adaptarnos. La capacidad de ajuste es una de las grandes herramientas que tenemos todos para aceptar los cambios.

Al tercer día cuando llegué a la Universidad, aprendí el privilegio, para mi desconocido, de lo que significaba ser una Fulbright Scholar.

Como becaria de este programa, por ejemplo, me asignaron una oficina amplia, con línea telefónica y computadora. Me trataron como miembro de la facultad. No era una estudiante cualquiera, era una estudiante de doctorado del Programa Fulbright.

El programa Fulbright fue creado en 1945, en parte para lavarle la cara de violencia a los Estados Unidos, después de la segunda guerra mundial. Es el programa emblemático de intercambio educativo internacional, patrocinado por el gobierno de los Estados Unidos, diseñado para aumentar el entendimiento mutuo y la promoción de la paz, con otros países. Una de las expectativas del programa es que, nosotros los egresados, al regresar a nuestros países, fuéramos embajadores de paz.

A los tres meses de estar en la universidad me llamaron de Fulbright para decirme que me cubrirían el resto de la beca, de dos a cuatro años.

Mi trabajo de doctorado culminó en una tesis de grado acerca del liderazgo en educación superior que es la base de todas las investigaciones y proyectos a los que me he dedicado a lo largo de mi vida profesional.

Entre las anécdotas que tengo y que me llenan de orgullo es que mi mamá me había prometido que vendría para mi graduación. El rector sabía la historia y lo mencionó en el acto. Después de 25 años sin montarse en un avión, allí estaba mi vieja, en medio de miles de personas, aplaudiendo a su hija que recibía el título de doctora en un país extranjero.

Mi esposo y yo volvimos con sendos posgrados a Venezuela, dispuestos a sembrar las experiencias que habíamos ganado en los Estados Unidos, yo estaba de profesora en mi país, cuando de nuevo me invitaron a dar clases en Michigan, ahora sí me fui sola.

Cerrando y abriendo capítulos

No sé cuántas veces he dicho adiós, ni cuántas me han dado la bienvenida. Hoy mientras escribo, me doy cuenta de que si hay una constante en mi vida es que siempre estoy cerrando y abriendo capítulos. Me gusta estudiar y me consta que en el confort y la quietud no se aprende, ni se crece, te estancas. Por eso mientras Dios me lo permita seguiré abriendo puertas, aprendiendo y moviéndome.

En el capítulo de pareja, hubiera querido seguir con mi esposo, es un buen hombre y excelente papá, pero ya no éramos compatibles en los objetivos comunes; él iba por un lado y yo a millón por el otro.

En Kalamazoo, Michigan, dónde me quedé un año más, llegué a tener amigos maravillosos y aunque extrañaba a mi gente, habíamos logrado ajustarnos y crear familia.

Allá estaban los doctores Warfield, Chuck y su esposa Marta, una pareja incondicional quienes se convirtieron en los tíos de mis hijos.

Fueron ellos los que más adelante, cuando me fui a Chicago me acompañaron en todo el proceso de mudanza y adaptación e incluso en un momento crítico cuando tuve que cambiar a mi hija a una escuela privada, se encargaron de su manutención. Con ellos aprendí lo que es la generosidad sin límites, y a servir sin esperar nada a cambio.

Siguiendo el consejo del jefe de mi departamento consideré la posibilidad de buscar un trabajo permanente, en alguna universidad de Estados Unidos. Según mi superior, mi futuro como profesora estaba garantizado: era mujer, latina, bilingüe y contaba con un doctorado. Mi historia curricular era muy atractiva para cualquier universidad.

Apliqué a nueve universidades, cinco me ofrecieron trabajo. Terminé escogiendo a la Universidad Northeastern Illinois (NEIU) porque entre sus objetivos estaba fomentar la diversidad. La gente se parecía a mí y tenían acento como yo, aunque el salario que me ofrecieron fue el más bajo de todos.

Estaba en pleno divorcio en Venezuela, cuando me llamaron para ofrecerme el cargo. Mi hijo Julián tenía 18 años y mi hija Ana Bonnie 11, ambos decidieron venirse conmigo.

Llegamos en invierno y con la ayuda de mi familia de Michigan, en el aeropuerto de Chicago, nos recibieron sus amigos, que además de traernos abrigos, gorra y guantes, nos hospedaron en su casa por una semana. Luego nos mudamos a un apartamentico en donde nos tocó dormir en el suelo por unos días, hasta que logramos equiparlo con lo básico.

Ganaba 33 mil dólares al año que apenas nos alcanzaba. Me dolía ver a mis hijos pasar trabajo porque en Venezuela vivíamos muy bien.

Los muchachos se quejaban de todo, que extrañaban a su papá, que yo no sabía cocinar, que no tenían amigos. Un día desesperada, agarré toda la ropa, se las puse en dos maletas, y les dije: "¿Saben cómo es la cosa? yo también extraño todo, ustedes escogieron venirse conmigo. Si no les gusta, mañana mismo les compro el pasaje y se van con su papá." Entre las cosas que me reclamaban era que yo no sabía hacer las "caraotas" (frijoles negros) como su papá.

No se fueron, llamaron a su papá y le pidieron la receta de los frijoles, los aprendieron a hacer y no se quejaron más por la comida, yo también aprendí a cocinar con ellos y para ellos.

Resolvimos el asunto de la comida, pero igual el dinero no alcanzaba, si me tomaba un café se me desajustaba el presupuesto. Hablé con mi jefa para que me ayudara a buscar alternativas, de lo contrario me tendría que ir.

Su llamada hizo efecto. En abril 17, sonó el teléfono y la voz del otro lado se presentó como la Doctora Ernestina Riggs, la mujer que se convertiría en mi ángel de la guarda.

Me dijo sin preguntar, "mañana jueves a las 9:00 am nos vemos en el auditorio de la Escuela Primaria Zenos Colman."

Cuando llegué al auditorio estaba repleto, la doctora Ernestina, me reconoció de inmediato y me invitó a subir al escenario. Al lado de ella estaba el director de la escuela y un grupo de funcionarios. Nunca podré olvidar aquel momento que me abrió las puertas en Chicago. Frente a cientos de maestros y personal de la institución, en su mayoría afroamericanos, me presentó como la mejor investigadora, profesora, catedrática del mundo y quien se encargaría de entrenar a los maestros en comprensión de lectura. Me quedé muda, temblaba frente aquel montón de educadores quienes se convertirían en mis alumnos.

Cuando terminó el evento, le dije: Doctora Riggs, yo no sé de qué usted está hablando, -me dijo- "Tranquila en pocas semanas usted será una experta".

Me entregó un libraco como de 400 páginas para que me lo estudiara. La agencia federal para la que ella trabajaba le había asignado 10 millones de dólares para capacitar a los maestros en compresión de lectura a nivel nacional. Ella no me conocía, pero confió a ciegas en las recomendaciones que mi jefe le había dado acerca de mí.

En unas semanas me convertí en su mano derecha. Viajé con ella por todos los Estados Unidos, cuando me presentaba decía que ella era la facilitadora, y que yo era el cerebro.

Durante las noches trabajaba en la Northeastern y los fines de semana entrenamos maestros, era agotador, pero por fin tuve un salario decente.

Mandé a mi hijo a la Universidad fuera del estado de Illinois, cambié de casa, compré un carro nuevo, y viajamos por primera vez a Europa. Mi entorno se había llenado de gente que me ofrecía ayuda para poder continuar con mi trabajo y la atención a mis hijos.

Creo que esa solidaridad tan inmensa que he recibido siempre me ha hecho ser quien soy, ayudar al que lo necesita. Toma tiempo adaptarse, pero siempre se consigue gente buena dispuesta a darte la mano cuando sientes que no puedes.

Lamentablemente esta amiga, hermana y madre que me dio tanto, murió en un ancianato. No pude abrazarla y bendecirla por todo lo que me había dado. Cuando supe de su muerte fui a buscarla, era tarde, ya no estaba. Para hacer más triste el momento, me había incluido en su obituario de despedida, nunca me olvidó.

Diferencias, discriminación y maltrato (bullying)

En mi país somos de todos los colores y no es la piel sino el estatus económico lo que hace que se marquen las distancias.

Nunca me sentí discriminada o tal vez me curé, cuando mi maestra de tercer grado me quitó el Bonifacia y me puso Boni, aquello me dio la seguridad y el valor humano que ella sabía que yo tenía.

Desde que llegué a Estados Unidos me percaté de cosas que nunca había sentido: era parte de una minoría y eso me hacía diferente. Cuando comencé a dar clases en Michigan, mi jefe me informó del prejuicio que existía hacia las latinas, y por ello me sugirió que no me pusiera ropa con muchos colores, ni zarcillos largos. Lo acepté como el consejo de un amigo para ser aceptada en aquella universidad tan conservadora.

Después estando en Northeastern, con todo y su diversidad supe que no era igual que el resto de los profesores. Me trataban como "muchachita recién graduada". De los 22 años que había ejercido como catedrática, solo me reconocieron tres y aunque tenía más experiencia que muchos de mis colegas, tuve que esperar más que nadie para obtener el rango de profesor titular.

Uno de los criterios de ascenso académico que se utilizaba para evaluar al profesor es la evaluación de los estudiantes. Los estudiantes extranjeros y minoritarios me querían y se reflejaba en la evaluación, el 70% positivo y el 30 negativo. Los blancos, por su lado, se enfocaban en mi acento, en mi piel morena y mi raza Latina, elementos que prevalecían a la hora de considerarme para alcanzar el escalafón requerido.

Ante esta situación de discriminación evidente, hablé con la única vicepresidenta latina en la universidad y me dijo: "Tu eres joven, ten paciencia". No encontré en ella ni empatía, ni simpatía, tampoco la comprensión que necesitaba.

Todo aquello era muy doloroso, me quise ir, porque si algo no podía cambiar era el hecho de ser latina. Recuerdo que un profesor de color me dijo: "Sabes Ana, cada mañana cuando salgo de mi casa, me arreglo lo mejor que puedo, para ser aceptado por los blancos. Ellos no, ellos son lo que son".

Esta experiencia me marcó, nunca la había experimentado en mi país y me quedó como aprendizaje. Cuando eres inmigrante, todo te cuesta más, especialmente cuando no luces, ni hablas como la mayoría.

Por cierto, mi hija, también vivió la experiencia de ser discriminada y recibir burlas por parte de sus compañeros. Ocurrió en el baño con unas amiguitas, mientras compartían sus historias de lo que habían hecho el fin de semana. Mi hija comentó que había ido al cine con su amiga: "Girlfriend". Esta conversación inocente entre niñas sirvió para que la tildaran de lesbiana.

Ana Bonnie, apenas tenía 12 años y sin saber el significado, me dijo: "Mamá que es ser lesbiana". Mortificada, le expliqué, me quejé al Distrito Escolar y la cambié a una escuela privada. De nuevo aprendí que mi hija había sido discriminada por su inocencia y por lucir diferente.

Para no frustrarme más de lo necesario, empecé a crear un mundo paralelo, tenía amigos fuera de la universidad, me postulé como voluntaria para la comunidad, dejé de ir a eventos sociales de la comunidad universitaria y evité atender a reuniones de la facultad. Northeastern no era lo que yo esperaba, quería moverme y sin esperar más creé un plan para seguir sirviendo y educando fuera del recinto universitario.

El mundo me abrió las puertas

Han sido muchas las veces que he llorado pensando en las injusticias que me tocan, más no me detengo, las lágrimas me han servido para limpiarme los ojos y ver hacia adelante con mayor claridad.

Empecé a abrirme paso a nivel internacional, podía tomarme un año sabático, sin remuneración y dar clases en otro centro de estudios, siempre y cuando me pagaran. Por su parte la Universidad de Northeastern de Illinois, por su reglamento, se comprometía a mantener mi posición para cuando regresara.

Colegas que conocí en diferentes conferencias me extendieron múltiples invitaciones para trabajar en sus universidades. Fui a Armenia, a Egipto varias veces, a Qatar, a los Emiratos Árabes, a Kuwait, a Liberia, estuve en la República de Georgia. En Panamá y Venezuela realicé investigaciones con maestros. El Programa Fulbright apoyó cinco de estos intercambios educativos y de investigación.

El proyecto en Venezuela fue muy hermoso, gracias al respaldo de la Universidad Simón Bolívar, creamos una alianza para ofrecer el método de estrategias de comprensión lectora, y logramos capacitar cerca de 800 docentes en las escuelas de los barrios de Petare y del Valle en Caracas.

Más adelante me invitaron para enseñar liderazgo a las niñas ricas de Arabia Saudita, daba 8 cursos por semana a 320 estudiantes. No eran tan buenas y a la hora de evaluarlas me llegaban regalos y cartas de recomendación, hasta de los rectores de la universidad. Eran princesas que no tenían ningún interés en aprender, sino en obtener un título para ocuparse del negocio de la familia. En una ocasión incluso, una de las niñas plagió uno de mis trabajos, la denuncié y no pasó nada.

Arabia Saudita me enseñó mucho, vivía sola en una casa gigante, tipo palacio. Era un "compound", comunidades cerradas, donde viven los extranjeros. Me vestía como las árabes, no podía recibir hombres, ni beber licor. De nuevo hice una vida paralela, eso sí, con mucho cuidado, porque si me descubren terminaría presa. Llegué a tener un enamorado sueco que vivía en la vecindad y tomábamos vino a escondidas.

Logré conectarme con los petroleros venezolanos residenciados en Saudi y me invitaban a sus fiestas donde unas chilenas preparaban vino en secreto. Los viernes, ocasionalmente, cuatro colegas íbamos al cine al Sultanato de Bahrain, país que vive del turismo. Alquilábamos un carro con chofer (las mujeres tenían prohibido manejar) y luego de recorrer un puente sobre el mar de 25 kilómetros, llegábamos a Manama, la ciudad capital, donde había comida americana y hasta podíamos tomar cervezas.

Después de vivir dos años en esta comunidad me escapé, porque la Universidad me negó permiso para ir a la boda de mi hija. Fue un riesgo enorme al que me expuse, pero era la única manera de salir.

Todas estas aventuras me permitieron aprender que el humano es humano donde quiera que vayas con sus prejuicios y valores culturales y si en algunos países me discriminaban por mi color café, en otros como Liberia me consideraban blanca.

Cuando reflexiono me doy cuenta de que también llevé una vida paralela en la universidad de Northeastern Illinois. Ante la falta de apoyo, aprendí a ofrecer mis conocimientos donde me valoraran y necesitaran. Iba y volvía, finalmente obtuve los ascensos que necesité, hasta que me jubilé poco antes del COVID.

Puedo decir con orgullo que soy la única profesora latina con cinco becas del programa Fulbright, paradójicamente, esta prestigiosa condición le sirvió a la Northeastern para la adquisición de recursos.

Combinando el servicio con mi vida personal

Te jubilas, te retiras del trabajo, pero nunca de la vida. Tengo tantas cosas por hacer que nunca encuentro suficiente tiempo.

Me jubilé para hacer cosas que me gustan; pasar tiempo con mi nieta, con mi mamá, que ya no me reconoce, pero yo sí, y puedo escuchar sus historias del pasado. Quisiera viajar sin compromisos, pero la situación política en Venezuela cada vez es más difícil y me cuesta escapar de la obligación que me he impuesto de ayudar a mis compatriotas en Estados Unidos, particularmente en el estado de Illinois.

En Chicago siempre formé parte del pequeño grupo que se reunían para celebrar nuestras fiestas patrias, las navidades y organizar las elecciones, cuando teníamos consulado y se votaba. Éramos de la oposición y las autoridades del gobierno nos buscaban para dar una imagen democrática, cuando aún el Chavismo no se había radicalizado.

Después del 2015, al afianzarse la represión en Venezuela, el mismo grupito salía a protestar. Marchamos y nos plantamos a las puertas del consulado a expresar nuestro descontento

Más adelante empezaron a llegar más venezolanos y sentimos la necesidad de organizarnos para hacernos escuchar. Para el referéndum del 2017, Chicago ya contaba con varios restaurantes venezolanos que servían como centro de votación y reunión. En esa oportunidad, hicimos la convocatoria y llegamos a contar más de 5 mil votos.

En el 2017, invite a dos docenas de compatriotas a reunirnos en mi casa, para crear las bases de lo que sería "La Alianza de Venezolanos en Illinois", cuyo propósito inicial era enviar ayuda humanitaria a nuestro país, informar acerca de oportunidades de trabajo y estudio, estimular la participación ciudadana, y hacer cabildeo. Con la Alianza hemos logrado que se nos escuche y hasta hemos pedido cambios en las leyes de inmigración.

La creciente población en Chicago nos decía que se necesitaba la legalidad de esa población que llegaba. Nuestras acciones contribuyeron para lograr el estatus de protección temporal (TPS), la reactivación del asilo, y el parol humanitario. Nos aliamos a 77 organizaciones a nivel nacional para recoger firmas, hablamos con legisladores, nos reunimos con otras organizaciones con mayor experiencia en el ramo de inmigración, cabildeamos en el Congreso y fuimos a la Casa Blanca entre otras actividades.

En los inicios de la alianza había gran entusiasmo, llegamos a enviar siete toneladas de comida, ropa y medicina para Venezuela. Por ejemplo, en Cumaná había un ancianato, que contaba con nuestro aporte para recibir pescado mensualmente. Allá teníamos gente amiga, responsable de asistirnos en esta misión. También colaboramos con un hospital de niños en pueblos remotos donde casi no había ayuda, después el apoyo de nuestros compatriotas mermó.

Ya para el 2022 con la entrada de miles de venezolanos a Chicago, hemos tenido que enfocarnos en la gente que está llegando. Vivimos una crisis humanitaria, estamos en emergencia, en donde ni la ciudad con todos sus recursos se da abasto. Me llaman a todas horas, me exigen respuesta inmediata que no puedo dar. Cada vez la necesidad es mayor y no hay recursos que alcancen para hospedar y alimentar a tanta gente.

Sé que llegó el momento de reestructurar la Alianza, aclarar nuestra misión/visión y afiliar a nuevos miembros a la directiva. En esto estamos trabajando. Sería triste que se perdiera tanto esfuerzo por falta de compromiso entre los venezolanos que llevamos años en Illinois. No puedo sola y al igual que muchas de mis compañeras, como lo verán en sus historias, uno se cansa de no contar con ayuda. Necesitamos gente con ganas que quiera crear una comunidad sólida de venezolanos, deseosos de progresar, crecer y construir sueños.

Por ahora agradezco lo vivido. Aspiro a tener tiempo para mí, para mi nieta que está creciendo y deseo perder sus momentos cruciales de vida, para mi mamá que ya alcanzó los 95 años, y para redimensionar el amor y relación a distancia, que con algunos obstáculos en su ruta, está buscando sobrevivir en el tiempo.

¡Espero que la vida me siga mostrando el camino y me permita seguir cumpliendo con mi país, aquí y allá!

Gracias.

JOHANA
LINARES

"... con el tiempo entendí lo que eran los seres "preclaros", personas sabias que sueltan ideas y sin proponérselo, se convierten en nuestros maestros."

De afortunada a preclara, así crecí como inmigrante

Soy afortunada por seguir los pasos de muchas mujeres de mi familia, este resultado no estaba en mis planes de vida.

Siempre amé los animales, por eso en la universidad empecé a estudiar veterinaria y por culpa de los múltiples paros en las universidades públicas en los noventa, decidí cambiarme a zootecnia, para graduarme rápido y ejercer. La verdad nunca ejercí zootecnia y me gradué en cuatro años en vez de cinco.

Me encantaba hablar y escuchar, conversar en un sólo idioma no me era suficiente. Aprendí más idiomas, alemán, inglés, francés e italiano, para así poder conversar más. Me gustaba estudiar, hice un posgrado en una prestigiosa universidad de mi país, también un máster en administración y otro posgrado más en Estados Unidos.

Estos conocimientos me sirvieron para trabajar en mercadeo de cosméticos, comercio de hidrocarburos y como gerente híbrido de mercadeo y tecnología.

Más adelante me convertí en cocinera, en chef pastelero y tuve mi empresa de catering. Me preparé muy bien para trabajar en todas las áreas que estudié. Tuve acceso a personas y recursos extraordinarios, al final o por ahora, la vida me puso en un salón de clases, donde conocí el significado de ser inmigrante.

Hoy mientras escribo acerca de ser y crecer como inmigrante no puedo dejar de pensar en aquella niña, a quien su mamá, a los 11 años la montó en un autobús, junto a un grupo de extraños, para evitar que terminara asesinada o abusada por los pandilleros de la Mara Salvatrucha, organización criminal que controla parte de Centroamérica y una de las razones por las que miles huyen a diario en busca de una esperanza.

La niña hablaba muy poco, pero en su silencio había un deseo inmenso de ser escuchada, de contar quién era y el por qué estaba aquí. Aparecía temprano en mi clase y mientras llegaba el resto de los niños, ella se distraía haciéndoles trenzas a mi hija. Y entre trenza y trenza nosotras entablábamos conversaciones.

Indagando acerca de su vida y sus padres, supe que vivía con una señora aquí en Dallas, a quién llamaba tía, aunque no era hermana de su mamá, ni de su papá. La "tía" se hizo cargo de ella, la puso en la escuela y le dio techo y comida a cambio de una mesada que recibía de la madre todos los meses.

Yo era maestra en una escuela de Texas, donde más del 60 por ciento de los niños venían de Centro América y de México. No hablaban inglés y algunos habían tenido lo que llaman aquí, educación interrumpida, que en realidad significa que no fueron por algún tiempo a la escuela por todas las razones que nos imaginamos.

Soy educadora, pero primero soy mamá, me dolía ver a tantos niños desasistidos, perdidos, intentando importarles o pertenecer a alguien.

En el caso de Carmencita y en el de otros niños, solicité hablar con los padres, fui a sus casas y conocí su realidad. Ella como otros niños llegaron solos, huérfanos de padres y de afecto. Allí supe que mi pequeña alumna, era una sobreviviente en la casa de la "tía".

Todavía hoy me duele imaginar el dolor de aquella madre, al dejar a su hija a la buena de Dios, para salvarla del futuro que le esperaba si se quedaba en Honduras y también el de la niña, tratando de entender por qué su mamá la había abandonado, cuando en realidad la había salvado.

La historia de esta muchachita a quién tuve en mis primeros años como maestra, se repitió en diferentes versiones a lo largo del tiempo que estuve en los salones bilingües. Niños a quienes sus padres dejaron ir para salvarlos, con la esperanza de que Dios se ocuparía de ellos y más adelante volver a encontrarlos.

Soy inmigrante y aunque dejar el país implicó muchos duelos y pérdidas, la experiencia me ha enseñado que las ganancias son infinitas, aprendí que hay muchos tipos de inmigrantes y que para algunos escapar es realmente un asunto de vida o muerte, ese no fue nuestro caso.

Un inmigrante light

Cuando mi esposo y yo decidimos emigrar en el 2011, me preocupaba la seguridad de mis niños: mi hija y el hijo de mi esposo, pero a diferencia de muchos de los que emigraron, nuestra situación no era urgente ni desesperada.

Nos mudamos de la capital, hacia Maracaibo, donde vivían mis padres; mi esposo y yo necesitábamos un refrescamiento. Luego de casi un año de que me despidieran de la empresa de teléfonos celulares donde nos conocimos y trabajamos durante años, era poco lo que nos ataba a Caracas.

Cuando mi papá nos ofreció asociarnos en una empresa de procura de equipos para la industria de generación eléctrica, lo vimos como una opción prometedora.

Empezaríamos algo nuevo. Él tendría un ingreso fijo mientras que yo continuaría con mi empresa de catering y cocina, la cual había iniciado en Caracas.

Me gustan los cambios, así que la mudanza no me afectó para nada, a mi marido sí, trabajar en algo desconocido, y vivir en el interior del país, no era fácil, especialmente porque nos mudamos a un apartamento pequeño y en los alrededores, no había parques ni plazas para sacar a los niños y a Lolo nuestro perro.

Algo tan básico y sencillo como caminar o montar bicicleta, para nosotros era imposible a menos que fuéramos a un club. Las estrechas y peligrosas calles de mi Maracaibo, las limitaciones para jugar, la inseguridad y la escasez de alimentos, fueron algunas de las razones para emigrar.

Mi esposo llegó de España cuando tenía 8 años, había crecido en Venezuela y cuando hablamos de emigrar le gustó la posibilidad de desarrollarnos en cualquier país en donde encontráramos la oportunidad. Entonces nos dimos a la tarea de estudiar las mejores opciones para irnos.

Desplegamos varias alternativas como mapas frente a nosotros, para escoger una opción. Alemania, un lugar hermoso y muy vibrante, pero muy frío y con recuerdos de un antiguo amor alemán le restaba puntos.

Argentina, la cual visitamos por negocios y placer muchas veces, pero no veíamos prosperidad allí. España, la tierra natal de mi esposo y donde teníamos familia, obtener la residencia allí sería algo sencillo. También estaba la opción de Dallas, allá vivía mi hermana, y este lugar resonaba conmigo, aquí los recuerdos si eran gratos. Escogimos a Dallas donde contaríamos con el apoyo de mi hermana mientras nos instalábamos.

Mi esposo solicitó la visa de estudiante que en un principio le negaron, después aplicó de nuevo, se la dieron y sirvió para que entráramos todos como acompañantes.

Estudió inglés por supuesto, pero necesitábamos trabajar. Registró la empresa en Texas y de esa manera cambió la visa de estudiante por la visa de inversionista. En papel todo aquello se veía bello, pero la realidad era que teníamos demasiados gastos y los ingresos no alcanzaban, así que me dediqué a buscar trabajo.

Fue entonces cuando descubrí que el Distrito Escolar de Dallas ofrecía un programa de certificación alternativa, para profesionales bilingües con título universitario. Esta era mi oportunidad. Después de todo, tenía unos cuantos títulos académicos que podrían encajar perfectamente aquí.

Lo que fui y en lo que me convertí

En Venezuela empecé estudiando veterinaria, pero terminé graduándome en zootecnia, una disciplina enfocada en la ingeniería y gestión de la producción. Allí aprendí acerca de la cría, alimentación, genética, reproducción, salud y administración de todo tipo de ganado.

Mi familia tenía una pequeña finca en donde pensé que podría ser útil y crecer. Un poco antes de graduarme me di cuenta de que en esa finca había espacio solo para mi tío y su familia, pues no era tan rentable. Intenté probar suerte en haciendas más grandes, pero exigían que aprendiera a disparar y tenía que andar armada, yo soy objetora de conciencia y ese era un punto de quiebre, insoslayable.

Esta profesión, en mi país era para hombres, al principio me discriminaban, eran rudos y ordinarios. Me molestaba sentirme pequeña, era una piedra atravesada en el camino, pero en vez de caerme me ayudó a subir y a hacerme más fuerte, no para los animales, sino para la vida.

Con el apoyo económico de mis padres, decidí tomar un camino distinto tras mi graduación, así que me fui a Texas a hacer un posgrado en Administración. Pase tres años inmersa en esa experiencia enriquecedora, que me permitió ser independiente, conocer acerca de la cultura estadounidense y perfeccionar mi dominio del inglés. Todo aquello me gustaba, pero todavía no estaba lista para quedarme sola ni desarraigada.

Cuando regresé a Venezuela me contrató una empresa de diseños de empaque, había aprendido a vivir sola así que alquilé un apartamento y me quedé en Caracas. Con ellos estuve unos meses hasta que surgió una oportunidad en PDVSA y me emplearon en el departamento de comercio internacional, era joven y con un buen currículum además hablaba inglés y todo eso ayudaba.

Esos años antes de mi migración definitiva a los Estados Unidos, me permitieron estar cerca de gente muy valiosa quienes me formaron y prepararon para lo que vendría. Siempre conté con la ayuda de mis padres en lo afectivo y económico, eran la base que me permitía ir y volver, con la certeza de que estaban allí. Las otras personas, mis amigos, mis jefes y mis compañeros de trabajo estuvieron en mi vida para dejar algo.

No lo sabía entonces, pero con el tiempo entendí lo que eran los seres "preclaros", personas sabias que sueltan ideas y sin proponérselo, se convierten en los maestros que nos tocan, los que manda el universo para hacernos mejor.

De PDVSA, que es la industria petrolera de mi país, me fui al periódico El Universal donde me contrataron para el departamento de venta y recepción de avisos. No era vendedora, ni periodista, pero mis conocimientos en diseño y administración y el haber tomado varios cursos en el IESA, fueron suficientes para que mi currículum luciera sólido y me emplearan.

Estando en El Universal me enamoré de un alemán a quien conocí a través de Pavel, mi amigo gay que diseñaba ropa femenina y era experto en escoger los novios a sus amigas.

Eran tiempos difíciles para la industria periodística, la información empezaba a ser controlada y escaseaba el papel, entonces hubo reducción de personal. Me despidieron y como andaba sin mucho plan, el novio alemán me invitó a conocer su país y me fui.

Allá en la bella Alemania viví meses de subidas y bajadas en donde me enamoré como loca y claro cuando pasó, quedé con el corazón partido como dice la canción. No quiero entrar en detalles, pero estaba tan dolida que no quería regresar, así de maltrecha es cómo estaba.

Decidí mudarme a Bélgica donde vivía mi amiga y "roommate" con quién compartí un apartamento Dallas. Una vez más, recurrí a mi papá para financiar un nuevo proyecto.

Estaba realmente ilusionada con la idea de establecerme en Bélgica, especialmente en la excepcional Bruselas.

Estudié nuevamente francés y empecé un plan de negocios para abrir una librería café.

Allí probé las primeras dificultades de ser emigrante: la cantidad de obstáculos burocráticos que uno encuentra al intentar establecerse en un país extranjero, fueron muchas para mi juventud.

En aquel entonces, había muy pocos venezolanos en Bruselas y aunque intenté conectarme con ellos para hacer contactos y promover mi idea de negocio, descubrí que la mayoría estaban más interesados en parrandear o protestar las políticas del dirigente del país. A pesar de mis esfuerzos, no logré hacer realidad ese sueño, pero siempre estará en mi "bucket list".

Cuando me sentí mejor regresé a Maracaibo y como estaba sin hacer nada, otra vez, mi hermana, que planeaba irse a vivir a Texas con su marido, me pidió que me ocupara de su tiendita "sifrina".

La tienda atraía a poca gente a pesar de tener buenas ventas, pues era una boutique de "haute couture", prístina al estilo de un museo, intimidaba entrar por lo caro. Le cambié el estilo, lo suavicé, la transformé en pret-a-porter, comencé a traer ropa de Argentina y nos iba muy bien, pero la monotonía me iba venciendo.

Yo también me ocupaba de recibir la mercancía en la aduana de la Guaira y enviarla a Maracaibo, ese trámite era desgastante. La tienda estuvo abierta un buen tiempo, mis padres la atendían cuando yo estaba en Caracas o en Buenos Aires. Al rato, fue imposible conseguir dólares para comprar mercancía en el extranjero.

En esos días se puso de moda la telefonía digital y un amigo, con quien había estudiado francés, me sugirió que llenara la aplicación, pues necesitaban gente bilingüe. Apliqué y me contrataron.

Un mes me tomó para entender mi trabajo, pero finalmente lo aprendí, me divertía mucho y lo más importante es que conocí a José Antonio, mi amigo y actual esposo.

José Antonio trabajaba en la parte técnica de sistemas y yo en la parte de sistemas que se relaciona con mercadeo y ventas, nuestras destrezas y por ende nuestros proyectos se complementaban y por eso teníamos que vernos a menudo. Aunque no sabía nada de él, me encantaba. Lo malo es que trabajábamos juntos y prefería no involucrarme afectivamente con gente de la empresa.

Un día durante una fiesta escuché a alguien preguntarle cuándo nacería Diego. ¡Ay, Dios, el hombre era casado! Que broma, es casado. Bueno hasta allí llegó la historia de mi enamoramiento sola, me desentendí, pero el corazón se me salía cuando teníamos que trabajar juntos. A decir verdad, él también me miraba fijo y la energía era bastante fuerte.

Meses después, la compañía organizó un evento muy grande en una universidad enclavada en una zona montañosa, verde, espectacular.

Durante la primera reunión de trabajo, el muchacho no coordinaba, estaba como ido, perdido, triste. En uno de los recesos le pregunté a una amiga en común que, si sabía lo que le ocurría, me contestó: "¿No sabes?, se está divorciando, se mudó con sus padres y le duele dejar a su hijo". Sentí pena.

Pero qué le podía yo decir. Imposible hablar de eso sin resultar anecdótica. A veces hablábamos y terminaba yo contando sobre mi separación y lo mismo ocurría con nuestros amigos en común. Es la naturaleza humana, al parecer, cuando se trata de ser empático tendemos a reflejar nuestras experiencias. Y solemos incluir muchos: "A mí me pasó" o "Lo que yo viví".

Por fin, meses después nos dimos un beso, tuve que consultar con mi amigo Pavel porque todo aquello era como raro. Se estaba divorciando y ya me estaba besando.

Mi amigo, que como les dije, es experto en buscar novios a las amigas, me dijo: "Tráemelo, quiero verlo en acción". Nos invitó a un desfile de modas en "La Esmeralda", que era uno de los salones de fiesta más lujosos de Caracas. Aquella sería una prueba de fuego, para saber si el hombre era bueno o no. Pavel le pidió ayuda, con las modelos detrás del escenario y mi José Antonio, se portó como todo un caballero, nada de echarle ojos a mi amigo ni a las modelos.

Al final de la noche estaba aprobado. Desde entonces no nos hemos separado, de eso hace casi 20 años.

En el 2008, cuando nos casamos, ya estaba embarazada, nuestra hija nació en noviembre de ese mismo año. Fue en Maracaibo y solo asistieron los más íntimos, incluyendo sus hermanas, la mayor que vivía en Caracas y la menor que vino de sorpresa desde España, y mi hermana quien vivía en Dallas también estuvo en el disque cortejo. Me rio, no fue nada formal, todo muy casual, pero fue mi boda soñada por casarme con mi príncipe verde, así le decía yo, por sus ojazos verdes como mares.

Con estos limones hacemos limonada

La visa de estudiante de mi marido nos amparaba a todos, pero no ofrecía la posibilidad de obtener la residencia. Pero al registrar la compañía consiguió la visa de inversionista. La empresa iba bien, tenía clientes en Colombia y Panamá, y yo obtuve permiso de trabajo.

Yo por mi parte, intenté apoyarlo, pero no me gustaba para nada la gestión de compra, venta, cotización, buscar precios, atención a los clientes, todo me parecía complicado y tedioso, además los ingresos apenas alcanzaban para pagarle un sueldo a él, yo tenía que producir y era ya.

Mi hermana conocía al chef de un restaurante italiano donde se comía rico, fuimos juntas y así como quien no quiere la cosa, le comentó que yo era cocinera graduada, que había estudiado en mi país.

Hablamos de mi experiencia. Nos miraba con cara de fastidio, luego lanzó una carcajada burlona y me dijo: "Si quieres vente mañana, pero te adelanto que la cocina no se estudia, se siente, se vive, se crea".

Yo tenía experiencia, estudié con los mejores chefs de Venezuela, mi mentor fue Sumito Estévez, trabajé en los mejores restaurantes de Caracas y había dirigido una empresa de catering, que por cierto tenía bastantes clientes, tanto en Caracas como en Maracaibo.

A pesar de ello, para mi nuevo jefe, el cocinero italiano, mis conocimientos no servían para nada; claro que servían, no me dejé intimidar y poco a poco fui tomando iniciativas en su cocina.

Con humildad aprendí la jerga italiana de la cocina, los olores y sabores, las especias. Absorbí como esponja, todo lo que aquel buen italiano quería compartir, me costó un montón, pero al mes ya era su sous chef y en las cenas me invitaba a que lo acompañara a saludar a los comensales.

Después de ocho a diez horas parada, salía agotada y podrida a comida, me encantaba mi jefe y mi trabajo, estaba feliz.

Cuando llegaba a casa deshecha pero contenta, mi esposo me recordaba que no me enamorara, que aquella experiencia era una pieza más en el mosaico de mi vida. Esa etapa de cocinera duró unos 5 años, desde Le Gourmet en Caracas hasta Enhorabuena, empresa que sobrevivió tres mudanzas, participé en festivales, fui cocinera de línea, sous chef, chef y empresaria culinaria, cociné en la feria de Texas, salí en televisión. Pero una vez en Dallas, esa etapa cambiaría rápido.

Salí de allí para trabajar como voluntaria en una escuela donde el director era un venezolano (q.e.p.d.) quien me guio y me ayudó a obtener mi certificación alternativa. Trabajé gratis durante un año y asistí a maestros en casi todos los grados. Allí llegaban niños de todas partes, muchos eran muy pobres, inmigrantes que venían cargados de miedos y traumas, pero también llenos de afectos y aspiraciones.

En mi tercer año como maestra, en otra escuela, me tocó el cuarto grado, allí tenía un estudiante buenísimo, pero después de un par de horas se dormía. Me puse a investigar y terminé en su casa, necesitaba hablar con su mamá y saber lo que ocurría en su hogar. Cuando me senté en el sofá, el niño angustiado me gritó: "No maestra, no se siente allí, eso está lleno de pupú de ratas". El pobre niño no dormía atormentado por la mugre que cubría el sofá donde dormía.

Uno aprende de donde menos se imagina y muchos de mis alumnos fueron mis maestros, la niña hondureña, con la que empecé mi relato, llegaba temprano y se distraía peinando a mi hija. Uniendo cabos fui conociendo su historia. Una historia que me marcó, porque la pequeña crecía huérfana de padres, de atención, de cariño. La señora hacía su trabajo por lo que recibía un pago. Le daba comida, vestido y la mandaba a la escuela. Ella era otro tipo de inmigrante, era una sobreviviente de un país en donde quedarse significaba ser vendida o asesinada por las pandillas locales que controlaban su país en Centroamérica.

También me tocó recibir a muchos venezolanos. Me encantaba la inteligencia y el deseo de aprender que traían, las maestras alababan sus cualidades, eran niños educados, respetuosos y agradecidos, eso sí, cuando sobraba algo en el comedor, un pan, una galleta, una manzana se la metían en el bolso. Tenían hambre atrasada y si llevarse lo ajeno era pecado, botar la comida también.

A pesar de la dureza de mi trabajo estaba contenta haciendo lo que había sido tradición en mi familia, enseñar, aunque aquello iba más allá. Además de ser maestra, psicóloga, trabajadora social, mamá, era de todo para aquellos niños que tenían poco y encontraban en la escuela una fuente de estabilidad y de esperanza.

La escuela hace su parte en la formación de los niños, pero si en el hogar no hay armonía, el muchacho no se desarrolla. Yo trataba de mantener contacto frecuente con los padres, los invitaba a comer con sus hijos en la escuela, cada vez que se podía, intentaba ganarme su confianza. Así fue como me enteré de que muchos representantes, no conseguían mejores trabajos, porque no hablaban inglés, por esa misma razón, no podían ayudar a sus hijos con las tareas en las materias que eran en inglés.

Empecé a darles clases al terminar con los niños, pero no me daba abasto, entonces se me ocurrió acudir a los Community Colleges y pedirles que abrieran una clase de inglés para adultos en mi escuela. Estos institutos tenían un programa, pero quedaba muy lejos y no podían llevar a sus niños con ellos, yo sí los dejaría con nosotros. Con el apoyo de mi directora y del Community College creamos un curso de inglés para padres, en los mismos salones donde estudiaban sus hijos. Fue un gran logro ver a los papás aprender y crecer con sus niños.

Por este y otros programas me gané el premio como maestra del año. Nuevamente la vida me daba la oportunidad de ofrecer lo mejor de mí. Tenía el deseo y los recursos para servir y lo hice, no como una tarea por la que era remunerada, sino por la satisfacción y el gozo que me producía atender a aquellas familias tan necesitadas.

Once años estuve como maestra en los diferentes niveles de primaria, desde preescolar a quinto grado, hasta que me cansé. Se cansa uno de tanta exigencia y el poco o inconsistente respeto hacia el educador, uno se convierte en robot en un sistema educativo en donde la evaluación se hace según criterios numéricos, apegados a exámenes estandarizados, sin considerar las diferencias que existen entre los niños.

Acepté otra posición en otro distrito, mi nueva responsabilidad era crear el contenido de lo que había que enseñar, establecer el calendario de instrucción y dar entrenamiento a maestros de aula, todo esto basado en las directrices del sistema educativo regional y estatal.

Mientras, me adentraba en el mundo de la educación, mi esposo tuvo que buscar otras opciones, porque en el negocio de procura que manejaba desde la casa, las ventas se redujeron considerablemente. Cambió de oficio varias veces, hasta que terminó trabajando en la charcutería de un supermercado local.

Después de haber sido ingeniero de sistemas le tocaba cortar, pesar y vender todo tipo de jamones y quesos. También mi marido tuvo que soltar ataduras del pasado, aprender y crecer.

Cuando te olvidas de lo que fuiste y celebras lo que la vida te regala hoy, sufres menos y te diviertes con lo que te toca. Después de todo, él había nacido en España y llevaba el jamón en la sangre, disfrutar la comida le venía natural. Por eso cuando un día, estando en una fiesta le preguntaron que, si sabía hacer paella, dijo que sí. La hizo gratis. Fue un éxito, después le pidieron otra y otra más. Hoy su hobby es su profesión, es paellador, creó **Paella 1513**, el nombre lo tomó de una enciclopedia, en donde según datos históricos, en el año 1513 se mencionó el plato de paella por primera vez. Hoy su paella es la más famosa y rica de Dallas.

Mi Casa Venezuela

Aunque estamos aquí, nuestra mente y corazón siempre están en Venezuela. En el 2017 cuando se habló de plebiscito para cambiar la constitución, nos preparamos para votar, para hacer algo por acabar con la dictadura, como no podíamos contar con el consulado teníamos que organizarnos para expresar nuestra opinión.

A través de las redes sociales, invitamos a la gente a participar, aparecieron dos, luego tres, llegamos a ser doce, al final los venezolanos respondieron y votaron cerca de 5 mil personas.

Aprovechando la coyuntura me atreví a convocar a la gente para crear un grupo formal.

Respondieron siete, luego dos personas más. Pregunté si alguien estaba interesado en trabajar como voluntario por los que estaban llegando y por los que ya estaban aquí. La gente se animaba más a recolectar comida y medicinas para enviar a Venezuela, lo cual no era la visión que tenía para esta organización. Al final cinco dijeron que sí a la idea de hacer algo por nuestros paisanos localmente.

Lo podía entender, la gente estaba abrumada con sus propios asuntos. No es fácil acomodarse a las necesidades y exigencias del país adoptivo, sobre todo para los que llegaban con familias y sin recursos.

Con la ayuda de las redes sociales empezamos a publicar información acerca de dónde acudir para recibir servicios en el área de educación, salud y alimentación. La gente nos llamaba pidiendo asistencia, había mucha necesidad, pero muy pocos tenían el tiempo para ofrecerlo.

En esos días una venezolana se enfermó y su esposo pedía información acerca de lo que significaba hospicio, ese era el único tratamiento que le ofrecieron para su esposa.

Los que estábamos activos respondimos y le acompañamos en el proceso que significaba enfermarse sin recursos, morir y enterrar al ser querido.

Con Haidee, la compatriota venezolana, nos tocaba ser solidarios. A cualquiera le podía ocurrir una tragedia, y no saber qué hacer sin dinero y sin familia. Aprendimos a encontrar recursos, a buscar y a dar información, a hermanarnos.

La mujer dejó tres niñas y, aunque no asumimos la responsabilidad completa, muchos estuvimos pendientes de ellas por muchos meses y años, ofreciéndoles nuestro apoyo en la medida de nuestras posibilidades.

Normalmente esa es la función de un Consulado, pero no existe en Texas ni en ningún lugar de Estados Unidos. Por eso, como parte de aquel grupo que intentábamos formar, creíamos que era posible crear algo parecido, una oficina de atención al venezolano, atendida por nosotros hermanos del mismo país.

Este caso tan doloroso nos enseñó que podíamos ser la familia ausente y acompañar a nuestros paisanos en su dolor.

Nos tomó tres años registrar a Casa Venezuela como organización sin fines de lucro. Era necesario, porque así podíamos conseguir recursos y entregarlos a los más necesitados. De esta manera además de ofrecer información de dónde y cómo inscribir a los niños en las escuelas, cómo validar un título o dónde aprender inglés, podíamos unirnos a organizaciones más grandes, que tenían recursos de sobra y así armar nuestros propios "food drives" en lugares abiertos y otros programas de asistencia.

Cuando empezó la pandemia muchos de nuestros compatriotas no acudían a los "food drives" de la ciudad por temor a ser fichados o enlistados, los venezolanos tenemos un trauma con las listas por culpa del régimen.

Durante la pandemia, cuando ya estuvimos constituidos como organización sin fines de lucro, logramos asistir a decenas de familias en sus hogares con bolsas de comida, medicinas e información en caso de que fueran víctimas de desalojo e incluso mal praxis médica.

También creamos campañas para difundir el Manual de Supervivencia, una guía donde todo el que llega encuentra lo que necesita para comenzar la vida en la parte norte de Texas.

Como sabemos, con la llegada masiva de venezolanos a través de la frontera de Texas los recursos ya no alcanzan, sin embargo, los que quedábamos en Casa Venezuela, seguíamos atendiendo llamadas y los referíamos a las iglesias y centros de caridad en donde sabíamos que existen los recursos y les darían ayuda desde el momento que llegan, hasta que encuentren su camino.

Casos como el de Brownsville, Texas, donde atropellaron a 8 inmigrantes venezolanos mientras esperaban el autobús, nos demostró que nuestra misión como asociación, no podía seguir siendo la de ambulancia, siempre corriendo para ayudar.

No es un organismo del gobierno, no tiene ni la gente ni los recursos para serlo. Lo que si podíamos hacer es orientar, guiar al que llega, referirlo hacia donde sabemos le darán la mano.

La experiencia de esos últimos siete años cuando la crisis migratoria fue haciéndose más fuerte sobrepasando todas las expectativas, nos agotó física y moralmente. Sentimos una responsabilidad que ya no nos corresponde.

La decisión de emigrar que hoy están tomando muchos de nuestros compatriotas tiene consecuencias y le toca a cada individuo asumirlas, sin esperar que el mundo se detenga y esté obligado a tenderles la mano. No podemos llegar a un país pidiendo, tenemos que aportar, ofrecer, servir.

Un consejo no solicitado que quiero dejar para quién le sirva: investiguen otros destinos, Estados Unidos es una quimera, yo me vine, porque contaba con recursos y familia, pero aun así fue muy duro, aún es duro. Existen por lo menos 91 países en donde se puede aplicar para una visa o residencia y conseguir trabajo. Infórmense, no lleguen tan perdidos.

La inmigración se ha transformado en un negocio en donde sufren los más débiles, es a veces una explotación. He visto como unos cuantos venezolanos se han convertido en coyotes, en vendedores de sueños, se aprovechan del que llega y los utilizan y abusan de muchas maneras.

La misión ahora es informar, orientar, acompañar al que viene con deseos de crecer y crear para cumplir sus objetivos. Para lograrlo Casa de Venezuela Dallas y todas las organizaciones similares deben reorganizarse con gente que traiga ganas e ideas nuevas. Yo lo intenté, aún existe Casa Venezuela, pero yo ya no pertenezco a la junta directiva, la fundé, la nutrí, la sudé y allí la dejé, en buenas manos.

Me duele decirlo, pero al igual que algunos de mis colegas que ya se retiraron, me agoté. Necesito parar y tomar tiempo para renovar mis objetivos como líder comunitario. Quiero pensar que puedo servir de ejemplo para orientar a ese inmigrante que llega buscando otra pieza más para completar su sueño.

Confieso que soy preclara

Cuando surgió la idea de este libro para contar la historia de 12 mujeres inmigrantes me pareció interesante narrar nuestras experiencias. Consideraba que cada una podía ser un ejemplo de lo que se vive cuando decides salir de tu casa y emprender el camino hacia lo desconocido, ser ejemplo y servir de guía para el lector.

Unas hemos tenido un viaje accidentado por jugarretas del destino o por lo que fuere. Ahora todas compartimos contando nuestras historias que van salpicadas de diversión, desazón, aprendizaje y crecimiento.

Yo hoy puedo decir con orgullo que me siento preclara. No soy ilustre, célebre, ni famosa, como lo definiría Arturo Uslar Pietri, nuestro insigne escritor, lo que sí puedo decir es que he hecho cosas admirables, que me he destacado en las funciones que se me han asignado, que he utilizado todos los recursos para ser y hacer más de lo que se pensaba y esperaba de mí. Soy preclara, sé lo que quiero y hacia dónde voy, como muchas de las personas que conocí en el camino, que hablaban con la certeza de estar haciendo lo que les correspondía. Hago lo que me corresponde y sigo de cerca a esos seres especiales que la vida me sigue regalando para aprender de ellos y seguir subiendo, la escalera es alta y apunta hacia arriba.

Las piedras que me han tocado no me detuvieron al contrario, me impulsaron.

Se pierde, pero las ganancias son mayores, he tenido pérdidas que me han marcado profundamente. Atrás quedó mi familia, quedaron mis amigos, quedó mi Venezuela, el terruño que mis hijos no conocen. Volveré, lo tengo que hacer. Allá dejé a mi perro Lolo, quien se quedó por un tiempo que se hizo largo y que nos dolió como si se tratara de un hijo.

Lolo no era un perro, era una gente. El casi hermano que le compramos al hijo de mi esposo para que se entretuviera cuando viniera a visitarnos.

Lolo nos unió como familia y bien pronto nos hizo saber que sufría de ansiedad por soledad. Cada vez que lo dejábamos destruía lo que podía y cuando nos mudamos a Maracaibo se quedó en una esquina del apartamento en señal de protesta, después de destruir los cojines de los muebles nuevos y los controles del televisor. Era arrecho, nunca asumió su papel de perro, cuando algo le molestaba protestaba. Con eso y todo lo dejamos por más de un año. Cuando por fin lo pudimos traer, no saltó, ni ladró, me ignoró por tres días hasta que por fin me perdonó.

Ahora sí estábamos completos. Mi esposo, Beatriz, Diego y Lolo, pero no tenerlo por tanto tiempo representó una enorme pérdida. Lolo como todas las mascotas era un ser preclaro.

A manera de conclusión

A mis Ti-cinco tengo decenas de sueños que espero cumplir junto a mi otra mitad. Mi esposo y yo somos los mejores amigos, la dupla perfecta que se acompaña y celebra los logros del otro.

Él quiere tener un restaurante y eso me encanta, le apoyaré en todo, pero será su restaurante, si algo aprendí es que en una cocina sólo hay un chef y ese será él.

Yo, siguiendo con mi serendipity, o la suerte que uno crea, sigo visualizando mi podcast, para hablar de todo lo que se me ocurra, tengo un cuaderno lleno de posibles episodios, desde la importancia de hacernos ciudadanos más allá de portar el pasaporte azul, pasando por las barreras culturales, las aventuras de una "soccer mom" como yo, hasta saciar la curiosidad ahondando en temas que suelen o solían ser tabú.

Además, deseo construir pequeñas bibliotecas en las comunidades, donde especialmente las personas de la tercera edad encuentren libros en español. Aunque sigo interesada en la idea de crear consulados no oficiales para los venezolanos, reconozco que para llevarla a cabo se requieren recursos y colaboración más allá de mi buena voluntad.

Lejana estaba yo de saber que ayudar es una adicción, la verdad es que una vez que conoces el gozo y la alegría que produce el servicio, no puedes parar. Eso lo he aprendido en estos años como inmigrante, maestra y líder de la diáspora venezolana por estos lares. Falta mucho por hacer, pero aquí vamos.

Este recuento de mi historia resume lo que soy y lo que siento. Estoy feliz, sin proponérmelo me he convertido en líder, y ese liderazgo me ha servido para ayudar y acompañar a muchos. En el camino recorrido he aprendido a soltar, a ganar y perder, ser humilde, a dar gracias, a felicitarme y a pedir perdón.

Estoy agradecida por acompañarme hasta aquí.

NORELY
LOPEZ

"No podía decaer, ni darle fuerza al miedo, estaba aquí y mi motor eran mi confianza y amor propio y el deseo de progresar y construir un futuro para mi hijo y para mí."

Sembrando las semillas del futuro

Salir del país y convertirte en lo que nunca te imaginas, es un proceso muy complicado, para el que nosotros como venezolanos no estamos preparados. Somos gente que ama a la familia y los amigos. Nos encanta celebrar, compartir y reír juntos. A mí, que amo la fiesta, la familia y los amigos, me tocó irme a dormir sola en una navidad y pasar mi cumpleaños en un aeropuerto. Parece tonto, pero para nosotros vivir en comunidad y pertenecer es parte de nuestra idiosincrasia.

Siempre quise escribir un libro, para hablar acerca de las experiencias y los aprendizajes que la vida puso en mi camino, pero nunca había tiempo de ocuparse del pasado, cuando el presente me mantenía tan ocupada. Por eso agradezco a Dios primeramente y mis incondicionales padres (Juana y Hugo) a las amigas de la Coalición de inmigrantes, el haberme incluido en este proyecto, que me permitirá escribir una parte de este proceso que me convirtió en extranjera.

Estas páginas son una especie de catarsis para contar las razones por las que apoyé el proyecto que ofrecía el militar y por qué me convertí en opositora.

Soy Norely Lopez, abogada y defensora de los derechos humanos. Vengo de un hogar, que fue y siempre será, a pesar de la distancia, el mejor hogar, en donde el amor, el respeto y la educación, son los valores que me llevan por la vida. Soy la única mujer de tres hermanos. El mayor de ellos era oficial de la aviación, quien me enseño que el militar era una persona disciplinada y respetuosa de la ley. Mi hermano, ocho años menor, el más callado y muy inteligente, siempre curioso de las computadoras es ahora exitoso y brillante de esta materia. Siempre ha estado allí para apoyar y ayudar, ha sido un gran tío y hasta asumió ser el padre de Diego, mientras estuvo en Costa Rica. A pesar de los golpes de la vida ha sabido salir adelante, la vida lo tendrá en su mejor momento siempre.

Cuando surgió el movimiento que apoyaba a quien se pensaba cambiaría la situación del país, era una joven universitaria que creía que Venezuela necesitaba un cambio, por eso participé en la campaña que lo llevó al poder.

Estaba convencida que mis conocimientos me permitirían asistir a los más necesitados. Mucho antes de graduarme trabajaba en una oficina de abogados, en donde ayudábamos a los más vulnerables a organizar sus documentos para conseguir la propiedad de sus tierras.

Luego me convertí en asesora externa de la gobernación y la Alcaldía, del Estado Lara, con toda esta experiencia como respaldo, ocupé el cargo de directora de la oficina técnica de tierras urbanas de la Alcaldía de Irribarren.

Tuve maestros con gran experiencia política, de quienes aprendí lo bueno y lo malo del poder y la política. Quería ayudar a la gente y mi cargo me lo permitiría, dentro del plan país que anunciaba el gobierno. Muy pronto fui testigo de los manejos para favorecer los intereses de quienes eran afines al gobierno, en donde una vez más el ciudadano salía desfavorecido y el campesino quedaba marginado.

En 2001 había un gran malestar entre quienes como yo creyeron que El Militar y su plan de país ayudaría a los más necesitados. Nos convertimos en opositores y solicitamos por escrito revocar su mandato. Aquella lista (Tascón) se convirtió en un instrumento de discriminación política para mí y los miles de venezolanos que sin miedo firmamos.

Como parte del descontento hubo movilizaciones populares a favor y en contra del gobierno, que concluyeron con el paro petrolero y el despido y persecución de los dirigentes de PDVSA.

El 11 de abril del 2002 la sociedad civil encabezada por Fedecámaras, obreros y un grupo de disidentes militares, pidieron formalmente la renuncia de Chávez. Se produjo un "Vacío de Poder" que duró tres días y sirvió para que el narco gobierno se radicalizará y quienes no estuvimos de acuerdo fuéramos cuestionados y perseguidos.

Me tomaría un libro completo contar lo que fueron esos días, pero no quiero pasar por alto el aprendizaje que tuve durante los años que me formé como abogado y trabajé para la Alcaldía de Irribarren, como opositora. Tenía que trabajar y pensaba que aquella era la plataforma perfecta para informar y ayudar a quienes más lo necesitaban.

Mi labor como asesora, me permitía sugerir e informar al gobierno acerca del mejor uso de las tierras urbanas y agrícolas. Considero que era efectiva y decente, había trabajado con personas con una capacidad de servir que era increíble, personas que hicieron su gestión dentro de la Alcaldía y luego lo siguieron en la Gobernación, Diputados, Concejales, fui nombrada directora de la oficina técnica de tierras urbanas de esa Alcaldía.

Cumplía con mis funciones, aunque los allegados al régimen me consideraban una infiltrada. Llegó un momento que las irregularidades sobrepasaron mis niveles de tolerancia.

Documentaba y denunciaba los abusos y nada ocurría. Recibí amenazas y después de muchas rabias y frustraciones renuncié.

En esos días hubo varios asesinatos de funcionarios, incluyendo el del ex diputado del Consejo Legislativo de la tolda opositora.

Lo mataron a sangre fría y hasta hoy no se sabe ni por qué, ni quién lo hizo. Lo cierto es que fue un gran maestro para mí dentro de ese monstruo que es la política, pero cada vez me sentía más incómoda e indefensa en aquellas aguas llenas de cocodrilos hambrientos, donde si no eras parte del sistema de corrupción te hacían la vida imposible hasta que te sacaban. Yo me fui y aprendí que cuando le das poder al que nunca lo ha tenido, lo utiliza para su beneficio y se convierte en un corrupto despiadado e insaciable.

Maltrato y tráfico de mujeres, otra causa por la que luchar

Trabajando en política, aprendes de todo, compartes con gente buena y mala, quienes se convierten en tus maestros. Aprendí de todos mientras la vida me preparaba para lo que sería mi nuevo propósito y mi razón de ser.

En esos días mientras trabajaba en la Alcaldía se produjo el asesinato de Blanca Nieves Sierra, líder comunitaria y concejal de su comunidad. La mató su marido y el escándalo puso al descubierto la dramática realidad de la violencia doméstica, que tantas veces había denunciado esta concejal.

Su muerte ocupó la atención de los noticieros y periódicos de toda la nación y fue el estímulo que necesitábamos una periodista y yo para destapar otra olla de corrupción y vergüenza: el tráfico y venta de mujeres. Así nació nuestra organización y la ONG que lleva el nombre de "Blanca Nieves Sierra" en memoria y para honrar a la gran luchadora de los derechos de la mujer.

Yo tenía experiencia, me había especializado en criminalística y gerencia policial, lo que me permitía recibir y ayudar a todas esas mujeres que nos solicitaban apoyo y se lograr de alguna manera hacer justicia.

Las escuchaba, orientaba e impulsaba a que denunciaran a su agresor. Con el apoyo de la Prefectura de Iribarren, logramos que los procesos fueran rápidos. La prefecta recibía las denuncias y los periodistas las publicaban. Un día, reunidas en la Prefectura, definimos darle forma a la idea de atender mujeres víctimas de violencia y sentamos las bases legales de la Fundación y un movimiento contra la violencia doméstica. Nació nuestra más grande obra al servicio de los más vulnerables.

Fue un trabajo hermoso donde creamos conciencia y dimos apoyo a las víctimas, pero también muy doloroso, porque entendimos que cuando un país está enfermo y corrupto, cualquier oportunidad es buena para lucrarse y hacer dinero.

La trata de blancas y el tráfico de mujeres, se convirtió en un nuevo negocio para los agentes policiales del socialismo, y para nosotras en otra razón para ayudar.

Desaparecieron niñas y jóvenes sin explicación. Alguien las invitaba a una fiesta a la que nunca llegaban y luego se esfumaban. Los familiares hacían denuncias, que no se procesaban: "Se hacen los locos, nadie sabe nada". -Nos dijo la mamá de una de las muchachas desaparecidas-. Muchos de estos casos, siguen sin respuestas, y tal vez nunca las tendremos, porque detrás de estas desapariciones se esconde un terrible y lucrativo negocio: el de la esclavitud y trata de blancas.

Nuestra campaña de información y denuncia se convirtió en un documental que llegó a las Naciones Unidas y hoy es el propósito que nos mueve dentro y fuera de Venezuela, porque sabemos que el abuso y el maltrato hacia la mujer es un tema mundial, que no discrimina a ninguna, afecta a las que tienen dinero y a las que no, de todas las edades y nivel cultural.

El servicio ha sido siempre parte de mi esencia y aunque era asesora de empresas privadas en diferentes áreas del derecho, encontraba tiempo para ayudar a las familias y mujeres que acudían a mi oficina.

Hasta allí llegaron las presiones. Como nuestra fundación era una organización sin fines de lucro (ONG), la señalaban como instrumento de penetración internacional.

Estas acusaciones por un lado y por el otro la "matraca" que se hizo insostenible, para los empresarios que asesorábamos, me motivaron a aceptar la oportunidad que me ofrecieron para salir del país.

Me convertí en la mamá de Diego

Siempre quise ser mamá, aunque no me terminaba de convencer aquello de vivir en pareja. Casarse tenía muchas limitaciones, yo era independiente y libre. No podría someterme a un esposo controlador y abusivo como lo había visto entre mis amigas y las mujeres que me tocó atender. Mis padres siempre habían tenido una unión perfecta, nunca los vi discutir mientras viví con ellos. Eran mi modelo, pero encontrar una pareja y ser como la de ellos me parecía imposible.

Un día le dije a mi mamá que a los 30 años tendría un hijo y que no me iba a preocupar de quien, si me enamoraba bien y sino, no sería un obstáculo: -Me dijo- "Consigue un buen hombre y ten una familia". Le tomé la palabra, con respecto al hombre y no en el de la familia, no quería esperar más.

Me gradué de abogado y como amaba estudiar, hice postgrado y especializaciones.

Siempre estaba estudiando, así que postergué la maternidad, hasta que conocí a un muchacho de Trujillo, que me gustaba mucho y con quién pasaba los fines de semana.

Decidimos vivir juntos y salí embarazada, nunca estuvo en mis planes casarme, ni porque me dieran todo y me decía que me quedara en casa. Él era comerciante y tenía muy buena situación económica, pero no tenía muchos estudios ni se había graduado de nada.

Nos mudamos juntos, aunque los fines de semana los pasaba con mis padres en Barquisimeto, terminando mi postgrado y atendiendo a mis clientes, que en su mayoría eran personas sin recursos.

Durante el tiempo que intentaba vivir en pareja me di cuenta de que mi novio era bastante machista, le molestaba que yo fuera independiente y que no le pidiera dinero para nada. Me celaba de todo y cuando viajaba a Barquisimeto me acusaba de querer abortar. Nada más lejos de la realidad, yo deseaba un hijo, pero no el control. Para hacer presión, me dijo que me tenía que quedar en un sólo sitio, de lo contrario no me ayudaría. Agarré mis cosas y me fui. Siempre he sido de huir de lo negativo y he tenido amistades sinceras que ayudaron a llevar muchas situaciones, colegas que hoy por hoy son mis comadres y amigas incondicionales a pesar de la distancia.

En el 2004 nació mi hijo, atrás quedó la ilusión de vivir en pareja con aquel muchacho del que creo que sentía algo especial y que se convirtió en el papá de mi hijo. En casa de mis padres no nos faltaba nada, mi hijo tenía a sus abuelos y a sus tíos y yo continué siendo independiente como me gustaba.

Al novio no lo vi más, pero nunca se lo oculté a mi hijo, le hablaba de su papá y por qué había tomado la decisión de tenerlo sola y de no vivir en pareja.

Un día me dijo que quería hablar con su papá, que tenía algunas preguntas. Hicimos la cita y mientras manejábamos desde Lara hasta Trujillo, me explicó las razones por las que quería verlo. Llegamos al negocio y le avisé que estábamos afuera.

Lo noté nervioso y asustado, me imagino que se preguntaría por qué habíamos aparecido, después de tantos años. Lo primero que hizo fue ofrecerme dinero, le dije que no estábamos allí por eso, que su hijo le quería hablar.

Nunca supe los detalles del encuentro, sólo supe que el papá ofreció recogerlo en la tarde del día siguiente, para seguir conversando y así aprovecharían para visitar a los abuelos. Cuantas promesas le hizo, no lo sé y mi hijo no las recuerda.

Lamentablemente no apareció, pasó la hora acordada y nunca tuvimos una llamada hasta hoy.

Mi hijo lloró durante las dos horas que duró el viaje de regreso, mi ilusionado muchacho nunca entendió porque su papá no cumplió lo prometido, y tampoco por qué no tuvo tiempo de escuchar las preguntas que mi Diego le había preparado.

Mi hijo es mío, el mejor regalo que me ha dado la vida. Es maduro, inteligente y bueno. Juega futbol y como formó parte de un equipo que jugaba en primera división de Costa Rica, logró que 19 universidades en Estados Unidos le ofrecieran becas.

El 25 de diciembre del 2022, después de estar 8 años separados, me reuní con mi hijo. Comenzó a estudiar en un College en Utah. Nunca menciona a su papá y cuando surge el tema habla de su abuelo y sus tíos como sus padres. Después de todo, es difícil extrañar lo que no se ha tenido.

Rodando por el mundo

No me fui antes, porque siempre encontraba razones para quedarme. Amo a mi país y mientras pudiera ejercer mi profesión sin depender del gobierno, podría sobrevivir, a pesar de todas las limitaciones que existían: la falta de seguridad y la ausencia de alimentos básicos por mencionar algunos. Lo que no podía manejar era la corrupción por parte de funcionarios que prestaban algún tipo de servicio.

Ya para el 2015 la situación se hizo insostenible, cada permiso que requerían las empresas que asesoraba, implicaba un pago extra, o un favor que hacer. "La matraca" o la "vacuna" eran parte de la mentalidad corrupta que sembró el narco gobierno y su socialismo.

Una de las empresas para las que trabajaba era una trasnacional que por años intentó terminar algunos proyectos para empresas privadas, creo que aún lo están intentando.

Cada gestión, cada permiso requería un pago extra.

Los regalos de Navidad para la oficina X, las llantas para el carro, o sencillamente dólares.

Denuncié a los que pude, hasta que de nuevo recibí amenazas. Temía por mi familia y por mi hijo, así que acepté la propuesta de la empresa para mudarme a Nicaragua. ¿Nicaragua? ¿Y dónde queda eso?

Unos meses antes de irme de Venezuela viajé a Panamá para un entrenamiento laboral. Mientras esperaba en el aeropuerto, me encontré con un amigo de mi hermano que vivía en Nicaragua.

Era la primera vez que oía hablar de aquel país y la verdad es que no me interesó, aunque el amigo me decía que era muy tranquilo y la gente muy buena.

Cuando en la empresa me hablaron de los planes de expansión que tenían y me ofrecieron una posición, recordé la conversación en el aeropuerto y me dije: "Bueno, por lo menos conozco una persona".

La empresa con la que me iría a Nicaragua producía estructuras metálicas, allá me encargaría de todos sus asuntos legales.

Nicaragua me recibió con violencia

Los primeros dos años, fueron tranquilos, trabajar y practicar lo que amaba era mi nueva realidad. Conocí gente maravillosa con la que todavía hoy mantengo contacto y conservo como amigos.

Me acerqué a la comunidad venezolana y empecé a trabajar con una organización de derechos humanos con sede en Venezuela. Cuando me proponía registrar mi organización contra la violencia de género, entraron a mi casa y se robaron todos mis documentos. Recibía amenazas anónimas y hasta me enviaron la foto de mi camioneta en una publicación en Facebook en donde decía: "esta gente hay que quemarla".

En el 2018 me tocó vivir algo que nunca había experimentado en Venezuela, vi como la represión contra estudiantes era cruel y sanguinaria, a diario podías ver cuerpos abandonados en las zanjas de los callejones. Mi casa quedaba en la parte de atrás de una iglesia en donde se atrincheraron los estudiantes. En una ocasión cerraron la cuadra donde yo me hospedaba, los primeros disparos me despertaron a las 6 de la mañana, luego se hicieron más fuertes y seguidos y no pararon hasta las 8 de la mañana del día siguiente. Todas las horas mientras ocurría la balacera me mantuve con mi mamá en el teléfono. Después me enteré de que había decenas de estudiantes arrestados y heridos. No salí de mi casa por una semana, sé que en mi país pasaban cosas horribles, pero nunca me había tocado una violencia tan cercana y tan cruel.

Hacer trabajo social, que es lo que más deseaba era imposible. Por pura necesidad me quedé tres años y algunos meses más, hasta que algunas personas de la empresa que representaba se metieron en un problema legal y como yo era su abogado, me vi directamente involucrada en una acusación penal. Tenía que salir, pero primero intenté quedarme en Costa Rica, donde ya estaban mis padres, mi hijo y mi hermano. Dejé grandes amistades y maravillosos momentos de los que también aprendí mucho.

Costa Rica es un país hermoso y solidario, aunque costoso, por eso pensé que tanto para mi hijo, como para mí habría mejores oportunidades en Estados Unidos. Tramité la visa de turismo por sexta vez y me la dieron.

Tenía una pareja amiga en Utah a quienes les hablé de los planes de mudanza, sin pensarlo dos veces me invitaron a quedarme, estuve con ellos hasta que pude independizarme su ayuda fue algo muy valioso, en el año 2022, por fin pude traerme a mi hijo.

Febrero 2020 mes de cambios y de pandemia

En medio de una nevada que para el momento me pareció bellísima, llegué a Utah. Era un 1 de febrero y para el que viene de tierras cálidas, ningún abrigo resulta suficiente. Sin embargo, estaba feliz, con el corazón lleno de sueños y esperanza, por fin tendría a mi hijo después de tantos años viviendo separados.

La ciudad me pareció hermosa y organizada, mis amigos me contaron que en Utah el gobierno lo controla la Iglesia mormona y al parecer eso hace que todo funcione. Son gente caritativa que ayuda al inmigrante, pero hay que cumplir las normas, de lo contrario te sacan.

Llegué a casa de mis amigos y después de resumir nuestras historias, creamos un plan de acción. Lo primero era arreglar mi situación de asilo y luego buscar trabajo.

Estaba preparada para lo que la vida me ofreciera porque sabía que en el camino encontraría lo que necesitaba. Eso sí, me olvidé de las posiciones gerenciales y de los títulos que tantas puertas me habían abierto.

Aquí era simplemente un ser humano, Norely una inmigrante decente, con muchas ganas de trabajar, pero quien no conocía la cultura, ni hablaba inglés.

Mi primer trabajo fue en un supermercado, hacía de todo y me gustaba. Había muchas mezclas, además de los norteamericanos que eran sencillos y solidarios estaban los inmigrantes, la mayoría gente de México y Centroamérica, los complicados y arrogantes eran mis paisanos.

En mi país y hasta en Nicaragua me acostumbré a ayudar, a prestar servicio, siempre amable con una sonrisa, como somos nosotros allá en mi tierra.

Al llegar aquí, hasta en la Iglesia, donde me ofrecí como voluntaria, las víctimas de maltrato aceptaban ayuda, confesaban su dolor y agradecían ser escuchadas. Cuando me tocaban las venezolanas, mi primera reacción era de alegría, por haberme encontrado con alguien como yo, la respuesta me sorprendía: "Mira chica yo, lo que quiero son mis papeles"- me dijo una muchacha- eran rudas y prepotentes.

Lo mismo ocurrió en la empresa de exportación de semillas en donde trabajé. Me gustaba porque me permitía explorar un campo nuevo en el área de tierras, cultivos y alimentos. Había que ser preciso y disciplinado.

Yo era la primera en llegar y hacía mi trabajo lo mejor que podía, esto molestaba, porque ponía al descubierto a los flojos y mediocres. Entre mis compañeros había venezolanos que hacían las cosas para salir del paso, siempre andaban con un cuento o un chisme. Hablaban a espaldas de quien sea, se creían superiores y su trato siempre era de superioridad. Aunque reconozco que también había gente humilde y servicial, yo decía, no todo puede ser tan malo. También me rodeaban personas más jóvenes que yo, brillantes e ingeniosas y era allí donde decía que no todo podía ser malo.

No sé qué pasa, pero mi experiencia es que cuando salimos de nuestro país, nos volvemos antipáticos y altaneros. El venezolano cambia. Esto me afectó porque algunos de los venezolanos que me encontré hacían alarde de lo que eran y me trataban de mala manera.

En realidad, ya no me importa lo que la gente piense de mí, aunque después de varias experiencias que me afectaron personalmente, dejé de creer en la solidaridad tácita, que pensaba existía entre los venezolanos. Estoy aprendiendo a no tomarme nada personal, a tener paciencia y a aceptar a la gente tal como es. Cada vez tengo más clara mi meta, que es ser mejor para mí y ayudar a quien me necesite.

Cuando hablo con mi papá y le cuento lo que hago, se ríe y me dice: "Por fin estas trabajando, antes eras jefe, tenías oficina y empleados, ahora te tocó a ti". Así es, tuve que entender mi nuevo rol, cambiar y aceptar. Me visto con un pantalón de hacer ejercicio y una camiseta, antes no me bajaba de un tacón.

Todo es parte del proceso de aprendizaje y de ajuste y si me permiten hacer una sugerencia, quiero que sepan que sin perder nuestra esencia es bueno entender que lo que fuimos ya no está y que lo que viene seguramente será mejor.

Me incomoda encontrarme con gente que sólo habla de lo que fueron e hicieron en el pasado, cuando en realidad lo que vivimos ahora es bien diferente a lo que teníamos. No es bueno, ni malo, es diferente. Considero que nos irá mejor si disfrutamos del presente y aprovechamos las oportunidades que aparecen y cuando algo no ocurra como queremos, aprender y continuar.

He sido deportista toda la vida, gané campeonatos en carrera y en natación desde que era una niña, por eso jamás me enfermo.

Bueno, no me enfermaba, entre los golpes que recibí el primer año, fue que me dio COVID. El COVID al principio decía que era mortal y aquello me torturaba. No podía aceptar venirme a morir tan lejos de mi país y sin mi familia.

Caí en depresión, lloraba y lloraba mientras guardaba cuarentena, encerrada en un cuartico, para no contaminar a la esposa de mi amigo, quien por fortuna no se enfermó. Lo único que hacía era dormir y cuestionar a aquella enfermedad que había matado a los padres de mis amigas y que estaba dejando secuelas en mucha gente, incluyéndome a mí.

Me tomó un tiempo recuperarme y gracias a que siempre hice ejercicio, volví a ser yo para mantenerme enfocada en las razones por las que había venido. No podía decaer, ni darle fuerza al miedo, estaba aquí y mi motor eran mi confianza, amor propio y el deseo de progresar y construir un futuro para mi hijo y para mí.

Mi visión, mi presente y futuro

Desde que llegué no he dejado de trabajar, estudiar inglés y establecer contacto con grupos dedicados a ayudar a víctimas de violencia. Allí conocí a una de las líderes, a quien su marido maltrataba. Cada vez me involucro más porque cuento con las herramientas para ayudar.

Además de haber vivido de cerca la realidad del maltrato en Venezuela, tengo estudios en violencia doméstica contra la mujer que formalicé en un viaje que hice a la Argentina en representación de mi Fundación, también viajé al Cairo donde compartí con mujeres de todo el mundo. Considero que tengo las credenciales y el deseo de servir.

Hace un par de años, cuando salimos de la pandemia y buscábamos la mejor manera de servir a la comunidad de mujeres víctimas de abuso, intenté registrar la Fundación, Blanca Nieves Sierra en Utah, pero lo suspendí, cuando me enteré de que la persona que me estaba ayudando había sido asesinada, a manos de su esposo en unas circunstancias terribles, vino un proceso de reestructuración y decidí esperar.

En Utah hay mucho trabajo por hacer, bien sea como voluntaria en la Iglesia con los grupos que ya existen, o con la organización que represento ofreciendo consejería y ayuda legal. Es por eso que estoy preparando cada día, para poder involucrarme cada vez más y poder ayudar a tantas mujeres en necesidad.

Por ahora sigo en mi proceso de educación y adaptación. Formo parte de la Coalición de Organizaciones de Venezolanos en Estados Unidos con quienes colaboro en materia de inmigración. A través de esta coalición, les damos información y orientamos a los paisanos, somos parte de los beneficios que ahora tienen muchos de nuestros hermanos inmigrantes.

Recientemente me tocó viajar a Texas para acompañar a los venezolanos atropellados. Allí murieron 8 y tres quedaron discapacitados. Fue una situación muy dolorosa, pues conocí de cerca la crítica situación migratoria que se vive en la frontera, donde a diario llegan miles de personas de todo el mundo, especialmente venezolanos.

A los muchachos que murieron se les asistió en todo. Las ONG americanas que son bien reconocidas, apoyaron al 100% en todas las necesidades. A los heridos se le trajo a la familia, se les dio casa y todavía muchos de ellos reciben apoyo del gobierno.

Lo malo es que nuestros paisanos no entienden que las decisiones acarrean consecuencias y que cuando se emigra, uno es responsable de lo que ocurre, sin esperar que le den o le regalen. Estando en Texas me sorprendió escuchar que algunos de los heridos, decían que el gobierno les pagaría millones, cosa que sabemos que no es así.

Los resultados negativos los estamos viviendo. Si antes al venezolano se le reconocía por ser una persona trabajadora y servicial ahora esta nueva generación de inmigrantes se ha convertido en una carga. Ese es parte del problema, vienen desinformados, sin un plan, esperando que se les asista por el hecho de ser inmigrantes. Por mi parte, y en mi condición de inmigrante, tengo planes de sacar mis equivalencias para obtener el título de abogado, seguir mi formación para dedicarme al que necesite asistencia, especialmente en el área de abuso y tráfico de mujeres.

Para cerrar quiero decirles que las oportunidades existen y si eres uno de los privilegiados que llegó hasta aquí aprovéchalas, no esperes que te den, trata tú de servir y verás como se te abren las puertas. Yo llegué hace cuatro años, no hablaba inglés, todavía lo estoy aprendiendo, tengo tres trabajos y además me ocupo de la Fundación. Todos los días me levanto llena de entusiasmo porque aquí los sueños son posible, y a pesar de las pérdidas que me han tocado desde que salí de mi país, estoy contenta.

En un futuro muy cercano me veo apoyando a mi hijo en su crecimiento personal y profesional, crearemos una fundación para servir a los muchachos de la calle con problemas de droga. Es su sueño y allí también quiero estar, para plantar juntos semillas buenas en este país generoso que nos abrió las puertas y nos está dando tanto.

Gracias.

MIRIAN MAVAREZ

"Encontré la felicidad cuando zurcía sus heridas y con ello sanaba las mías. Inmigrante soy."

Me encanta ser parte de esta historia de mujeres distintas, con vivencias similares, a quienes les ha tocado abrirse paso en la vida, atravesando momentos muy duros, mujeres que se levantaron una y otra vez, no solo para alcanzar sus sueños sino para apoyar los sueños de otros.

Mira tú, esta soy yo, Mirian Mavarez, la niña que aprendió a hacer negocios desde que tenía uso de razón. Vendía mangos verdes con sal en la puerta de la bodeguita que mi mamá tenía frente de nuestra casa. Era un negocio difícil porque en cada esquina había una mata de mango y los conseguías regados por la calle. Yo los vendía cortados, con limón, con sal cubito o con cualquier cosa que encontrara, fue mi primer "emprendimiento".

Nací en el lugar más rico de Venezuela, Maracaibo, estado Zulia. Mido metro y medio, lo menciono, porque en un país donde las mujeres son consideradas las más bellas del mundo y destacan por su tamaño, a mí me tocó ser pequeña pero muy agraciada. Tuve que agarrar todas las herramientas que me ofreció la vida para triunfar y convertirme en la mamá de mis padres y de mis tres hermanos.

Mis padres eran cristianos, la biblia era la base de sus costumbres y su vida. Cuando mi mama era una niña, mi papá la llevaba a la escuela, ella tendría 7 años y el 17, así se conocieron y con el tiempo se casaron.

Mi mamá era la encargada de las finanzas y eso le daba cierto poder. Se ocupaba de la casa y de la pequeña bodeguita en donde casi no se vendía nada, pero ella administraba lo que entraba para darnos de comer y mandarnos a la escuela, era super organizada: mi super héroe.

Mi papá era un hombre bueno y dócil, hacía lo que mi mamá decía. Guardo hermosas memorias de mi niñez, donde no había mucho, pero sentía que no me faltaba nada, había amor, respeto y principios.

De esos días de mi infancia recuerdo que a comienzos de año mi mamá agarraba tres latas de leche vacías y todas las semanas metía cinco bolívares, en cada una; para diciembre allí estaba el regalo para estrenar de Navidad. Por lo general mis hermanos me daban de sus ahorros para completar mi ropa de navidad, ya que para mí nunca era suficiente lo que mi mamá ahorraba para cada uno.

Entre mi papá y mi mamá había discusiones. En una ocasión les dije: "¿Si no se quieren, por qué no se divorcian?". Entre ellos había afecto, pero no amor, yo me daba cuenta porque siempre fui muy madura; por eso cuando cumplí los 18 años se pusieron de acuerdo y se separaron ese día. Mi papá puso condiciones. Él se quedaría con la casa y la bodeguita (abasto), el carro. Ese había sido el convenio, él se quedaría con todo, con la condición de que se ocupara de nosotros y siguiéramos estudiando. En ese momento ella prefirió que estuviéramos estables y ella empezaría de nuevo. Aquí la cuestión es que el acuerdo no fue justo, pero sucedió; La ignorancia se paga caro, es lo que pienso ahora.

Aquella tarde cuando nos dieron la noticia, era mi cumpleaños, venía de la piscina a donde fui a celebrar por dos horas, después de limpiar el patio, la nevera y la casa.

Cuando regresé feliz del club, me dieron la sorpresa. El ambiente se sentía raro. Faltaban las sillas de mimbre, la máquina de coser no estaba, la vajilla tampoco. Pregunté, ¿qué pasó? La respuesta fue simple, pero dolorosa. "Hasta hoy vivo con ustedes". – Dijo mi mamá- mirándome con tristeza, directamente a los ojos.

Es difícil explicar el dolor de aquel acuerdo, en donde no se escuchó nuestra opinión, para mí fue un momento muy duro que me marcó para el resto de mi vida. Me quedé sin piso, se cayeron mis bases, porque mi mamá era mi casa, juntos eran mi hogar, no pude aguantar aquella pérdida y me fui de mi ciudad.

Esta decisión me hizo crecer, me sequé las lágrimas y aprendí a transformar el dolor y el miedo en energía creativa. Desde entonces esta lección de vida me acompaña siempre, ante cada pérdida y fracaso me levanto una y otra vez. Como me ocurriría veinte años después cuando siendo inmigrante en Nueva York, tuvimos que cerrar el primer restaurante típico venezolano en la exclusiva avenida Chelsea. "El Cocotero". Una organización única y empírica.

"Espérate, my dear, que ahora es que hay cuento que contar, pero vámonos pa'trás".

Inmigrante en mi propio país. Caracas me espera

Yo tenía 18 años cuando por primera vez me convertí en inmigrante en mi propio país. Caracas era la gran metrópolis, una Nueva York chiquita, así se sentía. Me fui para sacarme el dolor de sentirme tan sola, cuando mi mamá se marchó. Yo, empujada por Marco mi amor platónico, hombre cristiano, de Maracaibo, quien se había ido a estudiar a Caracas... me decía que mi futuro estaba allá.

El día de mi partida, agarré la maleta con la que llegó mi mamá de Falcón, la limpié y metí mis cositas, luego le tomé las manos a mi papá y a mi mamá y les prometí que todo iba a salir bien: "Se los juro, no me va a pasar nada, siempre van a contar conmigo". Yo tenía claro que no les daría mortificaciones. Me daba pavor que sufrieran por mí. Mi papá me dio 100 Bs y se quedó llorando. Pasó tres meses llorando por mi mamá y por mí, era débil y aquello me molestaba.

Marco me consiguió una habitación en una casa en la Urbina, que al principio me pareció carísima. Mi amigo me explicó y lo entendí que en Caracas no se podía vivir en cualquier lugar, que en la Urbina estaría segura.

Desde que éramos niños, Marco y yo tuvimos una relación muy cercana, nos reuníamos en la iglesia, donde Cristo nos veía a todos iguales, pero su familia no. Éramos diferentes, ellos tenían estatus, nosotros muy humildes. A su familia le preocupaba que entre nosotros hubiera algo más que amistad por ser inseparables, nos adorábamos. Para su "príncipe" ellos querían lo mejor.

Sin darme cuenta crecí con ese sentimiento de ser menos, por eso me esmeraba en ser la mejor en todo, subir de nivel, crecer, progresar.

Nada me daba miedo, tomaba riesgos sin preocuparme por las consecuencias.

De este amor aprendí muchas cosas, me asesoraba en cómo vestirme, me decía lo que me quedaba bien y lo que no. Siempre creyó más en mí que yo misma, con él me sentía bella y segura.

Con la intención de que conociera gente y encontrara trabajo, me invitó al Dallas Texas de la Castellana, en Caracas. Allí trabajaba su amiga. Me solté el cabello, que me llegaba hasta la cintura, era liso y negro azabache, me puse mi blue jean, mi camisa blanca y mi tacón de punta, el más alto que tenía. Era muy femenina y seductora y eso a él le fascinaba, juntos hacíamos una hermosa pareja.

El lugar era bastante gringo, me encantaba. La amiga me preguntó que si tenía experiencia y por supuesto le dije que sí. Me consiguió la cita con el gerente del restaurante y me contrataron como anfitriona para los fines de semana. Recuerdo que cuando salí de la entrevista, le dije a mi amigo que allí me quedaría tres años. Se rió y me llamó pretenciosa, porque apenas me habían contratado.

En esos tres años aprendí todo el sistema operativo: el menú, los tragos, conocía a los clientes, a quienes les encantaba mi espontaneidad... cuando la gente llegaba preguntaba por la Maracucha, o sea ¡yo!

A un año de estar en Caracas, me traje a mi hermana de 19 años y a mi hermanito de 16. Todos compartíamos la habitación, hasta que nos mudamos a un apartamento que logramos construir en la parte alta de la casa de una señora. Yo tenía dinero reunido y como soy mujer de negocios, le propuse que le pagaría por la construcción del anexo. Allí viviríamos tres años sin pagar y después ella se quedaría con el espacio para alquilarlo a quien quisiera.

Cuando cumplí tres años la gerencia presentó la idea de abrir una sucursal en Maracaibo. ¿Qué creen? Todo el mundo presentó sus credenciales y currículum y ¿A quién escogieron? a mí. Además de la experiencia que ya tenía, aquella era mi tierra. Llevaba en mí la fuerza y el espíritu de la Chinita.

Me nombraron gerente general del Dallas Texas en Maracaibo a mis 21 años y junto al chef turco que me asignaron, convertimos aquel lugar en el preferido de los marabinos. Cuanta fiesta americana había la celebrábamos en el restaurante Día de Muertos, día de Acción de Gracias, de todo hicimos.

Caracas, mi puente hacia el mundo

Después de abrir Dallas Texas en Maracaibo, dejar todo organizado y funcionando me regresé a Caracas. Porque no lograba arrancarme la tristeza, seguía arrastrando la pérdida de mi familia y hogar, por la separación de mis padres.

Me regresé a Caracas pero no pude continuar en la compañía, todos los cargos de gerente estaban ocupados y yo no iba a hacer nada menos de lo que ya era.

Decidí terminar la carrera y diseñar accesorios y artesanías, mientras aparecía lo que yo consideraba me correspondía. Diseñé cinturones, sombreros, faldas para los arbolitos. Todo esto lo vendía en las ferias decembrinas. Me hice amiga de todos los portugueses, italianos y turcos de Catia. Mis diseños exclusivos de correas se hicieron famosos entre los peluqueros de Caracas, me iba tan bien que creé mi primera marca: Adrenalina.

Finalmente me gradué y entré a trabajar en una tienda de teléfonos celulares. Estando allí el encargado veía mis dotes de vendedora y me lo hizo saber: "Mirian tu eres buena para las ventas. - le contesté- Mira mi arma, maracucho bobo no pasa el puente". Ja, ja, ja.

A los meses, por recomendación de mi jefe, terminé trabajando en el departamento de publicidad de Telcel, estando allí se abrió el cargo de mercadólogo. Yo contaba con todos los requisitos para la posición, pero no hablaba inglés. Conversé con el vicepresidente y le dije que si me daba permiso, yo me iría a Nueva York, estudiaría inglés y estaría lista para ocupar el cargo, ya mi hermana estaba en los Estados Unidos.

En la compañía me dieron el permiso para irme a estudiar y aunque no tenían para pagarme el pasaje, me dijeron que, si lograba la hazaña de aprender inglés en seis meses, la posición estaría esperando por mí.

Mi meta entonces era conseguir el dinero para el viaje y el pasaje. En esos días estábamos planificando el lanzamiento del Baby StarTask, el teléfono más moderno de Motorola. Propuse una campaña especial, en donde las promotoras que vendieran más teléfonos en una semana, utilizando tarjeta de crédito, se ganarían medio millón de bolívares. Aquella suma era un dineral y claro un buen estímulo para vender al Baby Star y amarrar al cliente por dos años.

Empezaron las ventas en el Sambil, uno de los centros comerciales más modernos de Caracas, las promotoras eran bellísimas, puras muñecas. Estando allí se me ocurrió que yo podía cumplir aquella meta. ¡Que arriesgada era! Le rogué a mi supervisora que me dejara vender: ¿Qué crees? "Bueno mi arma, en tres días logré lo que se suponía, sería el reto de una semana".

Me gané el medio millón, compré el pasaje, pedí la visa. Todo estaba listo para irme por seis meses a Nueva York.

Mi amigo, mi amor imposible

El amor tiene muchas formas, Marco y yo éramos inseparables, me amaba tanto que me ofreció matrimonio, a pesar de que su hermano lo amenazó con quemar mi casa en Maracaibo con todo y la gente adentro, si no terminábamos. Lo nuestro nunca pudo ser, aunque el amor siempre estuvo allí.

Marco se fue a Estados Unidos, me sentí muy sola y deprimida, él se había convertido en mi familia, era mi todo. Entonces me enfoqué en trabajar y estudiar, por fortuna tenía amigas en la universidad, que me invitaban a salir.

En uno de esos fines de semana en la playa, nos quedamos en la casa de un muchacho ingeniero con quien empecé a salir y después me empaté. Me aferré a su compañía y cariño, era muy divertido, aunque un poco intenso, compartíamos todo. Con él conocí mundo, su familia me adoptó como hija y empezamos a hablar de futuro y nos comprometimos.

De repente le salió una beca para irse a Tampa, era una oportunidad muy buena. Serían sólo seis meses. A su regreso haríamos los preparativos para la boda.

Yo vivía ocupada, inventando crecer y hacer nuevos negocios, cuando me llama y me dice: "Muñeca la beca me la extendieron por seis meses más, creo que me voy a quedar". Entendía que era su momento, que tenía que seguir en lo que estaba, aunque la idea de tener una relación a distancia me molestaba, lo necesitaba conmigo, entonces a pesar de su insistencia, terminamos.

Llegué a pesar 42 kilos. Estaba deprimida, gris. Mi amigo Marco, en una de sus visitas a Venezuela, me dijo que era tiempo de moverme, de dejar todo, de empezar en Nueva York, donde ya él tenía amigos. Yo me sentía capaz, escuché su consejo y me fui. Cosas de la vida, yo salí a las 6 de la mañana en un avión rumbo a Nueva York y ese mismo día a las 9, procedente de Tampa aterrizaba en Maiquetía mi ex-novio, listo para organizar la boda.

Una maracucha en Nueva York

Llegué y allí estaba mi querido Marco quien compartía un apartamento con un amigo, allí me acomodé en un colchón en la sala, por el que pagaría 400 dólares. Podía quedarme con mi hermana, pero ella vivía en un pueblo lejísimo, alejado del ruido, de los trenes y la gente, que era lo que más yo deseaba. Nueva York no me daba miedo, me había graduado de inmigrante cuando salí de Maracaibo y llegué a la capital.

Al día siguiente me inscribí en la escuela de inglés, en donde había gente de todo el mundo, aunque muy pocos venezolanos. Un día alguien me comentó que había otro venezolano que era actor. Imagínate nada más y nada menos que nuestro Franklin Virguez. Allí conocí a una venezolana y a un polaco, con quien me medio entendía porque él no hablaba ni español, ni inglés.

Las cosas pasaban rápido, Marco no sólo me presentó la ciudad, sino que me regaló a sus mejores amigos: Luis y a Arturo Quintero. A través de ellos conocí a una señora dominicana que me dio trabajo en su tienda de "chácharas", un lugar donde venden de todo. Como me vestía para la escuela, me vestía para el trabajo, blue jeans, camisa blanca y tacones, mi pinta de éxito.

La dominicana fue una escuela. Me trataba malísimo, pero me contrató sin papeles. Me veía y me decía lo mismo: " venezolana, tetona, culona, pero bruta. Mira muchacha, le gustas al italiano que vive arriba, múdate con él, te va a tener como una reina". Que humillación, me provocaba pegarle a la bendita mujer, pero me limitaba a sonreír y a decirle: "No señora, yo estoy estudiando, no tengo necesidad". Eres bruta -me replicaba-. El hombre con quien quería que me mudara, era un gordo mafioso que vivía en un Penthouse arriba del negocio.

Allí estuve unos meses, hasta que conocí a una dominicana que me contrató para limpiar apartamentos. Cuando llegué tenía 10 empleadas y yo trabajé tan duro, que terminó despidiendo a la mitad, yo hacia el trabajo de varias, le echaba un "camión", para garantizar mi empleo. A los tres meses me dejó encargada de la camioneta y el edificio. Me pagaba $80 por cada apartamento, $300 a la semana. Para mí era un dineral. Después me salieron algunas limpiezas en otros edificios y los tomé.

Aquí hubiera seguido, pero la dominicana se enteró que limpiaba por mi cuenta y amenazó con denunciarme a inmigración, me asusté y me fui. Había trabajo para todas, pero así es la gente, ella se creía dueña de mí.

Como era veterana en el asunto de limpieza, hice unos volantes y empecé a ofrecer mis servicios en otros edificios. "venezolana se ofrece para limpiar tu casa". Por qué venezolana. Porque nosotras éramos diferente, decentes, profesionales en todo. Me fue buenísimo, tenía un cliente que me enseñó a comer sushi. Cada semana me esperaba con mi bandeja, fue una experiencia muy linda que me permitió conocer a mucha gente buena y honesta.

Se me iba a vencer la visa y Fernando, el novio que se había ido a Tampa insistía en que regresara a Venezuela, que ahora sí podíamos casarnos y después nos regresaríamos los dos. La familia estaba contenta, haciendo los preparativos para el matrimonio y hasta nos prestaron un apartamento, en la playa para que viviéramos, mientras decidíamos. Lo pensé, me entusiasmaba la posibilidad de regresar y tener familia, es muy duro vivir sin tus seres queridos, despertar y acostarte sola, sin que a nadie le importe lo que haces, ni cómo te sientes. Me mantenía ocupada y tenía amigos, pero sentía nostalgia.

Había ahorrado dinero por si decidía empezar un negocio, la verdad es que tenía ganas de regresar. El asunto es que cada vez ponían más trabas para renovar la visa: ¿Y si no me la daban? Llamé a mi novio llorando y le dije: " Lo siento mi amor, me quedo". No me puedo ir sin saber que podré regresar. Era complicado, en una semana se me vencería la visa y me convertiría en ilegal, esto significaba no poder volver a mi país, quien sabe hasta cuando y si me iba, tampoco había la certeza de que regresaría.

De nuevo me sobrepuse, escogí hacerme la fuerte y superar. De tanto hacerlo uno se acostumbra, yo no quería volverme dura y trataba de justificar lo que estaba haciendo.

Había una razón para quedarme, tenía que sacarle provecho a lo que me estaba ocurriendo.

En esos días me mudé para el basement de una casa. El dueño, a quien conocí a través de otro amigo, tenía problemas en la corte por deudas. Yo tenía ahorros, se los presté y a cambio me permitiría vivir en el basement sin pagar. El apartamentico era helado y cuando caía nieve quedaba tapiado porque se cubría la única ventana y para abrir la puerta tenía que pedir ayuda. Pero era mi casita, la pinté de blanco y la decoré a mi gusto, estaba feliz, allí viví tres años gratis con el dinero de los intereses del préstamo.

Había conseguido casi todo lo que me proponía, pero siempre andaba melancólica, extrañaba el calor humano.

A través de Arturo conocí a un dominicano que me gustó. Decían que era decente, reservado y trabajador. El muchacho me atraía y aunque seguía pensando en Fernando, empecé a salir en serio con él. A los seis meses cuando menos lo esperaba, salí embarazada. No lo podía creer, pero me alegré y mi pareja también, aunque él tenía dos hijos de relaciones anteriores, una de 9 y otra de 12 años.

Se mudó conmigo al apartamento y la relación empezó a cambiar. El novio cariñoso y amable se convirtió en un hombre violento. Le molestaba todo, me rompía los cuadernos. Acabó con mis trajes de baño, incluso llegó a confesarme que cuando las mujeres se embarazaban les agarraba rabia. Esta fue una de las peores épocas de mi vida, estaba sola y vulnerable, no tenía a quién recurrir.

Tenía 12 semanas cuando empecé a sangrar, al llegar a emergencia me dijeron que se me había desprendido la placenta. De vuelta a la casa, cuando se fue a trabajar, me quedé sola y de rodillas le pedí a Dios que me permitiera tenerlo. "Dios, tú me lo diste, no me lo quites por favor". El bebé siguió creciendo hasta los siete meses.

Casi no salíamos, me celaba de todo, no le gustaba que me arreglara, ni me pintara las uñas, era un suplicio, ni siquiera podía hablar con mis amigos. Aun así, fuimos a una cena, no recuerdo porqué, pero de repente sin decir muchas palabras, me dijo: "nos vamos". Tuvimos una discusión y me empujó por las escaleras, como pude me levanté y le clavé una llave en el hombro para evitar que siguiera golpeándome.

Al día siguiente nos esperaban en casa de la mamá y aunque no tenía ánimos, me vestí y nos fuimos. Durante la reunión él estaba ausente. Respondía nervioso al teléfono, hasta que en un descuido desapareció. Yo estaba mareada con ganas de vomitar. No podía sostenerme en pie, le dije a la señora que me llevara a un médico.

Mientras íbamos en la ambulancia, ella se comunicó con el hijo y yo con una prima, le conté que iba rumbo al hospital y que si me pasaba algo se ocupara de mi hijo.

Salve a mi hijo doctor

Entré directo a terapia intensiva, había tenido un ataque de preeclampsia y aunque sólo tenía siete meses de embarazo y el bebé estaba perfecto, había que sacarlo, me dijeron.

El doctor me informó que estaba muy grave y sin mucho preámbulo me anunció que, si me salvaba, posiblemente quedaría ciega. La verdad es que nada de eso me importaba, solo quería que mi bebé viviera, me aferré a mi fe. Estaba segura de que Dios no permitiría que yo hubiera llegado hasta aquí, desde tan lejos para morir o perder a mi hijo.

En eso entró Alex al cuarto, yo tenía tanta rabia que le agarré la mano y le dije: "Mira, acércate, quiero que sepas que yo voy a salir de esta y que nunca más vas a encontrar a una mujer como yo, te me vas ya".

Mi bebé estaba sano, aunque era tan pequeñito que me cabía en la mano. Era una belleza, blanquito, con el cabello negro y liso y sus ojos grandotes, con pestañas largas como las mías. Como era prematuro lo dejaron en el hospital. Yo vivía muy lejos, así que mientras se recuperaba, me quedé con la suegra, allí lo fue a ver su papá hasta que desapareció.

Tenía miedo por el futuro de mi hijo, pero ya era tiempo de irme; mientras más lejos estuviera del padre, me sentiría mejor. Tomé un taxi y me fui para mi basement. Mientras nos acercábamos tuve una sensación extraña, algo había pasado en mi calle. Mis muebles, el televisor, mis matas, mi ropa, todo estaba en la calle. Pensé: "¿me robaron, entró un loco?" Reaccioné y entendí lo que había pasado. El papá del niño, en un episodio de rabia, rompió lo que pudo y lo lanzó a la calle, no me equivoqué.

Me fui directo a la policía y les dije que era víctima de violencia doméstica. Un oficial me acompaño, revisó la sala, levantó un informe y me preguntó que si estaba bien, que cambiara la cerradura.

Se fueron y allí quedé yo en medio de aquel desastre. De repente cuando empecé a recoger, el hombre salió del closet. Con gestos violentos me decía que si gritaba me iba a ir muy mal. Yo creo que la policía estaba todavía afuera, pero el miedo me paralizó. Le rogué que, por favor, se fuera. "Vete ya, no voy a llamar a la policía, te lo prometo". Allí estuvo un rato, salió y se quedó en el carro mientras yo seguía sin poder moverme.

Estuve como dos años en shock. Hay cosas que no recuerdo de la evolución de mi bebé, solo sé que le contaba los deditos a ver si estaba completo y que lo alimentaba con fórmula y duraznos de la mata de la vecina, que convertía en jugo y en compota.

Mi hijo crecía normal mientras yo vendía empanadas, hallacas, cosas que nunca había hecho y que aprendí con recetas que encontré en internet. Nadie me visitaba, mi familia apenas se comunicaba conmigo. Comía los alimentos que me daba la ciudad, a través de cupones. Estuve como tres meses, comiendo tortillas mexicanas y huevo. El único que llegó a ver al bebé cuando cumplió seis meses fue mi compadre, Arturo Quintero, el que me presentó a la "joyita" del papá de mi hijo. No quería que nadie se enterara de mi situación y cómo sobrevivía. Mi hijo era mi responsabilidad, yo me haría cargo de él.

Cuando Gabriel, mi hijo, cumplió un año mi compadre me invitó a una parrillada y me comentó que él y su hermano tenían planes de abrir un restaurante. Que si sabía hacer arepas. Le dije por supuesto.

La idea era poner un tarantín y a través de una ventana vender comida venezolana. Pasaban los meses y no terminaban de abrir. Cada vez inventaban algo nuevo y se demoraba la inauguración.

Empecé a hacer presión porque ya no quería trabajar para nadie, metería a mi hijo en un cochecito y les apoyaría en el negocio.

Un día le dije: "Hermano esta semana tenemos que abrir". Le metí manguera al local, compramos los ingredientes y ofrecimos un menú ilimitado por $40. Aquello fue un éxito tan grande, que abrimos una sucursal y el Cocotero se mantuvo abierto hasta que nos cerró la pandemia.

El Cocotero presente en Nueva York

Nos pasaron muchas cosas antes de que El Cocotero se convirtiera en el único y en el mejor restaurante venezolano en Nueva York, en la céntrica zona de Chelsea. Lo abrimos el 8 de abril del 2004, aparecimos en todos los periódicos de Nueva York y logramos que los venezolanos tuvieran su primer lugar para comer y encontrarse con su cultura.

En mí se produjo una gran transformación, en donde me caí y me levanté muchas veces, y cuando digo caerme es literal, tuve una caída con mi hijo que casi no la cuento.

Me había mudado del basement a un apartamento con unas amigas, pensaba que tendría más apoyo para cuidar a mi hijo. La mudanza no funcionó y terminé en casa de la suegra, que vivía a una hora y media del Cocotero, ella cuidaba niños y me parecía bueno para que mi hijo tuviera con quien compartir, aunque, a decir verdad, todos los días salía temprano con mi muchachito en su coche rumbo al trabajo. Mi hijo era buenísimo, apenas se sentía, no molestaba para nada.

Un día en el agite que siempre andaba, me resbalé y rodé por las escaleras del Time Square, con niño y coche por ahí pa' bajo. La gente fue en mi auxilio, pero yo les decía que estaba bien, que me dejaran tranquila. Lo único que yo quería era llorar y llorar. No sé cuánto tiempo estuve allí. Cuando reaccioné tome la decisión de hacer un cambio en mi vida, dejar el miedo y mudarme. Había desarrollado un miedo crónico y no lo sabía, mi hijo y la experiencia de violencia con el padre me volvieron frágil, miedosa, siempre buscaba tener gente cerca por si algo me pasaba.

Me mudé, metí al niño en una guardería y pude trabajar en paz por un tiempo. Cuando Gabriel cumplió tres años, mi amigo Lucho me dijo: "Chica yo lo cuido en las mañanas y tú en la tarde".

Arturo y Luis, se convirtieron en mi familia, me sentía protegida, eran mis hermanos.

Que días tan maravillosos vivimos en nuestro Cocotero. Todo iba perfecto, las ventas, el negocio, hasta me di permiso para enamorarme del muchacho que construyó el restaurante. Fue un amor intermitente que duraría unos 13 años. Bueno, de él no voy a hablar porque nunca fue nada serio. Aparecía y desaparecía, siempre buscando alguien que lo cuidara, era demasiado inestable y aunque me producía frustraciones, de vez en cuando me daba un gotero de felicidad. La última vez que supe de él se había casado con una mujer rica de la India que le llevaba como 12 años.

En esas andaba, cuando atraída por una música riquísima en la floristería de Arturo que quedaba al lado del restaurante, me puse a bailar. Mis caderas se movían solas y mi alma desbordaba de alegría. Arturo se sorprendió, porque nunca me había visto bailar: "Muchacha y tú bailas". "Mi arma claro que sí". Le agarré la mano y empezamos a movernos. Yo solía ganar concursos de baile cuando vivía en Caracas. En ese momento me di cuenta de que algo en mí estaba cambiando y que, sin saberlo, llevaba años con depresión crónica. Ahora tenía familia, Luis y Arturo eran mis hermanos, mi hijo tenía su padrino y su tío, tenía mi nido, me sentía amparada.

Aquel baile fue como una terapia que me despertó y para terminar de sepultar mis miedos se me ocurrió que era tiempo de enfrentar al papá de mi hijo, de sacarme de una vez por todas el temor que sentía sólo de ver su presencia. El hombre me debía 15 mil dólares. ¿Eso no se los había dicho verdad?

Cuando empezábamos a salir, como yo prestaba dinero, me pidió un préstamo, con intereses para comprar una camioneta. Si, ya sé, he sido muy tonta, creo en la gente, creía en él, antes de embarazarme y me pareció buena idea ayudar al hombre que sería mi pareja. Aprendizaje, no prestarles dinero a los novios. Nunca me pagó.

No sé por qué, pero aquel baile medicinal, me llenó de fuerzas y lo confronté.

Me enfrento o no me enfrento. El día que vencí mis temores

Envalentonada como estaba lo fui a buscar al trabajo y le dije: " Vine para que me pagues". Entre sorprendido y asustado me correteó hasta la puerta, para que saliera. Le dije: "me vas a pagar, necesito mi dinero, nunca me has dado nada para tu hijo, pero ese dinero es mío, me lo debes". Yo estaba muy asustada, pero no dejaba de repetirle que me pagara mi dinero. "Te vas, me van a botar -me decía, mientras me empujaba para que saliera-."

Me fui, "cagada" a sabiendas que aquella actitud desafiante lo había impresionado. Ahora nadie me iba a detener, tenía que enfrentarlo y acabar de una vez con este pánico que me había dominado y paralizaba, desde aquel día que me destruyó mi pequeña casita en el basement.

No había terminado de llegar al Cocotero, cuando desde la camioneta, tocó la corneta y me llamó a gritos con intención de amedrentarme. Sin pensarlo agarré fuerza de mis ancestros y salí como una loca a su encuentro. Mis compañeros sentían mi furia y temían por mi bienestar. Me movía una fuerza incontrolable y lo confronté: "Tu a mí me pagas, mira maldito, coño e'tu madre, esta mierda se acabó.". Le hablaba a él y a mí.

Dentro del restaurante todos observaban, pero nadie se movía. A lo lejos la mamá de Arturo me gritaba: "Muchacha no vale la pena, no te vayas a desgraciar". Era incontenible la rabia que sentía y estaba harta de vivir con miedo. El hombre no se movió. Me insultaba, pero apenas podía escucharlo, no se atrevía ni a bajar los vidrios. Le di patadas al carro, hasta que se fue. Quedé exhausta, rendida por el esfuerzo mental y corporal que significó romper con aquellos miedos.

Al padre de mi hijo no lo vi por un buen tiempo. Lo bueno es que sané. En aquel momento me prometí que nunca más aceptaría que me gritaran, ni que me humillaran. Nunca más aceptaría ningún tipo de abusos. Allí nació una Mirian más fuerte, aunque igual seguía siendo compasiva.

Este hombre me transformó. Me hizo pequeña, frágil, temerosa, aunque también fue el maestro que, en el dolor, me ayudó a sacar nuevas fuerzas que no sabía que tenía y que vinieron a mi rescate. ¡Ah! y lo mejor, me convirtió en mamá, me permitió tener a mi Gabriel quien es otro de mis grandes maestros, mi razón y mi fuerza.

El papá de Gabriel me pidió perdón, aunque nunca me pagó. Todos los días de la madre se acerca a felicitarme y se va. Está arrepentido y me lo repite: "Nunca encontraré una mujer como tú" me lo dice y llora. El año pasado cuando vino lloramos los dos. El lloraba por sus errores, yo lloraba por mí, porque nunca más me volví a enamorar, me volví apática al amor, estaba rota.

En el 2010 cuando el negocio iba muy bien, decidí casarme con un muchacho que me pareció íntegro y por fin pude resolver mi situación legal.

La de aquí y la de allá

Uno sale del país, pero el país nunca se sale de uno. Moría por regresar a Venezuela y por fin lo pude hacer. En el 2014 me tomé unas vacaciones y viajé con mi hijo.

Paseamos por Caracas, me encontré con mis afectos. Qué de recuerdos. Cómo había cambiado el país, mi Caracas, desde que llegué casi como inmigrante desde Maracaibo era otra o era yo la que me había transformado después de diez años.

Mi vida ha sido siempre un sube y baja de emociones, alegrías, tristezas, golpes y a la vez de mucho éxito. Sé que fui una mariposa hambrienta de aventuras y en el proceso me rompieron las alas, me las volví a coser y hoy creo que mis alas son de hueso, cuesta romperlas, aunque intento zurcir las heridas de otros... ayudando me ayudo.

Estando en Venezuela decidimos pasar las navidades en Falcón. Allá encontré sobrinos que no conocía, a mi mamá llena de canas y a mi papá con diabetes. Que dolor verlos así, por más que yo les ayudara, el país se estaba cayendo y el tiempo no había pasado en vano, ni para ellos ni para mí, por fortuna, aunque cada uno vivía en su casa con su pareja, seguían apoyándose y eso me confortaba, si algo he aprendido en estos años es que la familia y los amigos pueden ser la mejor medicina para el alma.

Cuando llegué nos unimos en un abrazo largo, lleno de lágrimas. Cómo necesitaba esa cercanía. Me encontraron bella, cambiada, poderosa. Nunca imaginaban todo lo que me había tocado vivir. No les conté, no hacía falta remover tantas heridas. Escogí aprovechar el tiempo y darles lo mejor de mí. Los cuidé, les cociné, compartí los recuerdos de infancia con mi hijo: los chivos, los cochinos los mangos, todo lo que tanto amaba y que ya no tenía.

El 1ro. de enero, después de año nuevo hicimos parrilla y lentejas con carne molida. Cociné de todo para mi papá y mi mamá. Como la casa de mi papá era abierta, el olor atrajo a los niños. Primero fueron dos, luego cuatro. Al final había un muchachero en el patio, quienes curiosos se acercaban en silencio para saborear aquel delicioso olor. Todos comieron.

La necesidad en el pueblo de mis padres era mucha, yo tenía que hacer algo.

Cuando llegué a Nueva York sentí mi corazón partido. Una mitad de mi estaba en Venezuela, mi pasado y la otra, mi presente en Nueva York era yo partida en dos. La mujer humilde pero poderosa que tenía de todo para seguir creciendo y ayudar.

En el 2015, fue la primera resolución del año, creamos Cocotero Foundation. Siempre ayudaba a los míos, a mi hermano nunca le faltó nada, lo mismo a mis padres a mis sobrinos, ahora se trataba de ir más allá, auxiliar a los niños olvidados de mi país.

Mi papá había donado una casa para crear una escuela, me comprometí a enviarles recursos. También quería ayudar al inmigrante que llegaba, no quería que la gente sufriera como lo hice yo. No era necesario pasar tanto trabajo, cuando existe gente que te puede dar una mano. Gracias a los amigos y contactos que creé en el restaurante, cuento con decenas de ángeles que me ayudan para que la fundación continúe, ni siquiera durante la pandemia se detuvo nuestro esfuerzo para asistir a mi gente de allá y de acá.

Gracias a la fundación, alimentamos a 900 niños en diferentes caseríos de Maturín, Falcón, la costa oriental y Maracaibo.

En Venezuela cuento con mi familia y amigos cristianos que se han unido a la misión de servir.

Cuando llega noviembre empiezo a recolectar juguetes para garantizar que en diciembre los niños reciban regalos. Ahora mismo estamos haciendo una biblioteca junto a una iglesia.

En cuanto mis paisanos de acá, ya para septiembre comienza la recolecta de abrigos, primero lo hacíamos en el restaurante y después en mi casa. A través de los años puedo decir que mi fundación ha donado 100 toneladas de ayuda humanitaria, en comida, medicinas, ropa, juguetes. Este resultado me hace inmensamente feliz.

También como parte de la fundación difundimos nuestra cultura en el desfile de la quinta avenida, que es el más grande de los Estados Unidos. Allí participamos desde hace 11 años con nuestra comparsa Venezuela. Nos hemos hecho famosos por nuestras carrozas y bailes, nuestra música y el despliegue de color, que ponemos cada año para participar en el Gran Desfile de la Hispanidad.

Esta es mi vida y de esto me ocupo a pesar de los cambios que ocurrieron después de la pandemia, cuando nos tocó cerrar.

El cierre de un ciclo

Yo estaba tan involucrada en el crecimiento de nuestro restaurante que a veces ni me daba cuenta de lo grande y próspero que fuimos. Si, hoy revisando los artículos de prensa, me llenó de orgullo. Llegamos a producir cerca de un millón de dólares al año, y lo que más nos alegraba eran los comentarios de la gente, nuestra comida era económica y buena, nuestro servicio cálido y humano, en nuestro restaurante llegó a comer gente como Antonio Banderas.

En el 2017 dada la prosperidad del Cocotero de Chelsea, construimos el Cocotero 2, ubicado en New Jersey. Para este momento Luis y yo éramos socios en todos los negocios, pero la franquicia de New Jersey era mía. Allí me gradué de empresaria, de filántropa, de chef, de mujer, había alcanzado muchas metas y este nuevo Cocotero era mi premio, mi diploma.

Allí dejé mi corazón, mi vida, me exigía demasiado. No podía estar en todos lados, me faltaba tiempo para compartir con mi hijo, con mis amigos. No dormía, trabajaba las 24 horas. Necesitaba ayuda y contratamos empleados venezolanos para que se ocuparan del Cocotero de Manhattan. Entonces, empezaron a llegarme quejas de amigos acerca del servicio y la comida. Yo conocía mi negocio, seguíamos comprando lo mismo, pero no se vendía igual. Algo no estaba bien, nos estaban robando. Yo no podía estar en todos lados, era fuerte pero no podía con tanto. Cambiamos el menú, el personal, hicimos algunos cambios y volvimos a empezar, no podíamos abandonar lo que había sido un sueño convertido en realidad.

En esos días, antes de cerrar, estábamos en conversaciones con Las Morillos, (Lila, la cantante y sus hijas) para abrir una franquicia del Cocotero en Miami. La idea nos parecía genial, pues con esta nueva aventura, podríamos expandir nuestro Cocotero por todos los Estados Unidos, eso quedó en suspenso con la llegada del COVID.

Este y otros planes se congelaron con la pandemia, incluso antes del 2020, teníamos tantas cosas en las manos que después de consultar con mi hijo y mis amigos decidimos cerrar el Cocotero de New Jersey. Qué dolor me daba, pero con el tiempo aquella decisión me daría mucha paz.

La pandemia terminó de sepultarnos. Nueva York se convirtió en una ciudad fantasma y los pocos restaurantes que sobrevivieron fueron los que hacían entregas a domicilio. Después de mucho resistir, nos tocó cerrar El Cocotero de Chelsea, sentí una enorme tristeza, habían sido 19 años de esfuerzo para terminar sin nada. No fuimos los únicos, muchos restaurantes quebraron, había tantas pérdidas económicas y humanas, que terminé pensando que se había cumplido un ciclo y que Dios seguramente tendría algo mejor para mí, aunque primero teníamos que superar la pandemia.

Adiós, amor, bienvenida Miss Marian

Las cosas buenas llegan juntas y las malas también. En los primeros días de noviembre antes de que se declarara la pandemia, hice cita con Marco, mi amigo de Maracaibo, el que me orientó cuando llegué a Caracas. No nos veíamos por las múltiples ocupaciones que tenía, mi hijo me lo reprochaba mis amigos también. Me decían que ya yo no era la misma, que ni siquiera me ocupaba de mí, por estar pendiente del negocio y de la gente.

Mi mamá estaba de visita y la invité a cenar. Nos bajamos cinco botellas de Champagne, le cociné riquísimo, retomamos nuestras historias, cantamos nuestras canciones: "De Maracaibo salieron dos palomitas volando, a la Guiara volverán, pero a Maracaibo cuándo". Esa noche volvimos a ser nosotros, amigos incondicionales, mi primer gran amor.

Le hablé de mis planes de cerrar New Jersey y me lo celebró: "Mirian ese es el mejor regalo que me has dado. A ti te irá bien en todo lo que emprendas, pero ciérralo, amiga". Marco seguía creyendo en mí, más que yo misma. Aquellas horas compartidas con mi amigo del alma, me devolvieron la vida. Nos hicimos muchas promesas, una de ellas fue que volveríamos a Maracaibo y que invertiríamos allá. Sabíamos que vendrían momentos duros, pero lo tenía a él.

La pasamos tan rico que quedamos en vernos la semana siguiente en su casa. El día acordado quise despertarlo con una gaita, para recordarle que nos veríamos en la noche. No me respondió. Seguí llamándolo, le dejé mensajes bromeando: "Epa, no te hagas el willimey, y nada". En eso sonó el teléfono, era un amigo en común quien me llamaba para darme la noticia: "Mirian, Marco murió, lo encontraron en su cama. Le dio un infarto fulminante".

Mi amigo tenía sólo 49 años. En ese momento sentí que me arrancaron el corazón, me morí con él. No sé cuántas horas estuve llorando desconsolada. Luego como siempre pasa en mi vida, me tuve que levantar: Dios no me iba a dar cargas tan pesadas que yo no pudiera soportar. Me levanté. Cuando nos tocó cerrar el Cocotero de Manhattan, rezaba, le preguntaba a mi Dios, ¿qué voy a hacer? Empecé a diseñar pulseras y accesorios en gemas y vintage.

Se me ocurrió, que era el momento de ofrecer mis recetas vía internet, ahora que la gente tenía que quedarse en su casa. Hacía mis videos preparando comidas. Creé mi nueva plataforma que además de servirme de terapia me conectaba con la gente. Hice de todo. Recogía cosas y las transformaba en piezas de arte, me recuperé por completo. Renació Miss Marian.

Hoy en día, Miss Marian está tranquila y feliz. He hecho las paces conmigo, el perdón libera. Tengo amigos entrañables con quienes organizo el desfile de la hispanidad. La fundación sigue siendo mi misión de vida, presto dinero, vendo artesanía, hago comida para fiestas. Dios no me deja, tengo fuerza y talento, por eso continúo creando y ayudando a mis hermanos venezolanos.

Se perdieron dos restaurantes, es verdad, pero estoy tranquila, necesitaba parar y hacer algunos ajustes. Además, mi trabajo por la comunidad no se detiene, sigo asistiendo a los inmigrantes con un abrigo, un plato de comida un par de noches en una cama caliente. Aunque debo decir, que ha llegado tanta gente que a veces no nos damos abasto; ayudamos y nos mantenemos vigilantes, porque hemos notado que no todos vienen con buena intención.

Para cerrar les comentó que recientemente estuve en Venezuela y me di el regalo de pasar casi dos meses con mis amigos y mi familia. Estando allá fui recibida con honores por la Banda Rafael Urdaneta del Estado Zulia, una de las bandas más importantes de Sur América, por ser embajadora de la cultura y los valores de mi país en Estados Unidos, galardón que me enorgullece y que sumo a los múltiples premios que he recibido a lo largo de mi vida como inmigrante en este país.

Amigos, gracias. Cierro diciéndoles que espero que mi experiencia sirva como manual para quienes transitan la vida como inmigrante. Estados Unidos ha sido mi gran escuela, aquí me he quebrado y me he levantado. He llorado, reído y recibido muchos aplausos. Hice las paces conmigo misma, continuo llena de planes y sueños, dispuesta a continuar en esta montaña rusa de adrenalina que ha sido mi vida, cada vez más positiva y serena, sabiendo que mis miedos serán siempre mis aliados y mis fortalezas.

PD.
Entre las cosas divertidas que me ha tocado vivir les comento que la vida me ha premiado muchas veces y una de las satisfacciones de las que me enorgullezco, es que a pesar de ser la chica de metro y medio y según yo no ser tan agraciada, terminé siendo Mrs. New Jersey. Un concurso para mujeres cuarentonas en donde se premiaron los logros, la simpatía y por supuesto la belleza. Ahí le dejo eso para que no se pongan límites, sueñen grande porque este sigue siendo el país de los valientes que buscan oportunidades.

Gracias.

MAYRA
MOLINA

"El despertar de mi propósito en la vida."

Estoy donde quiero estar, no siempre lo supe, es más, nunca me imaginé alcanzar lo que he logrado. Lo que sí tenía muy claro era donde no quería estar, por eso trabajé, me moví lo más rápido que pude con las herramientas que encontré para salir del fondo donde me encontraba. En este momento acabo de recibir una propuesta que podría cambiar mi vida. Confieso que no era una prioridad, pero debido al trabajo realizado ha llegado a mí y me siento lista para enfrentar este nuevo reto, me asusta, y tengo miedo, como lo he tenido tantas otras veces. Pero ya el miedo se ha convertido en mi aliado, no se va, lo tomo de la mano y me acompaña en las decisiones de mi vida.
Es mi momento, estoy a la altura para seguir haciendo lo que escogí como propósito de vida: ayudar, servir, guiar.

Hoy ocupo el cargo de directora de una de las organizaciones sin fines de lucro más activas de Utah. El título de mi cargo me recuerda mi compromiso y la ética que he manejado en todo momento en mi vida profesional. En mi trabajo día a día enfrento retos, y sigue la necesidad de seguir creciendo y hacer más por los inmigrantes en este estado.

Esta posición también me ha permitido llegar a lugares que nunca pensé. El ser inmigrante ha servido para identificarme con las necesidades y retos de los nuestros. Y ahora, como ciudadana de este país, tengo la oportunidad de ver a estas familias crecer, salir adelante y saber que logran sus metas eso es una recompensa invaluable.

Esta soy yo, esta es mi historia que comparto para que conozcan el recorrido que me ha traído hasta lo que soy hoy, confieso que no ha sido fácil.

He recorrido un camino lleno de altos y bajos, de momentos muy difíciles y oscuros que me moldearon. Nunca perdí la fe, sabía que todo era pasajero, que con mi esfuerzo y dedicación saldría adelante. Estoy agradecida con quienes me acompañaron, mi familia, mis amigos, mi hija que me mantuvo siempre de pie, y con Dios que nunca me soltó la mano.

Lo que es tuyo es para ti

Nací en San Cristóbal, Táchira. Vengo de una familia numerosa, de clase media, somos 10 hermanos. Mis padres dieron todo por mantener a su familia unida con valores y principios. Mi papá era chef de cocina, trabajó en hoteles y lugares muy reconocidos en nuestro país, por eso viajaba mucho. Mi mamá fue ama de casa, era una mujer muy inteligente y se dedicó a nosotros, sus hijos por completo, asegurando que recibiéramos una educación de primera.

Siempre me sentí diferente, en mi familia era la rara. La que leía mucho, la que veía televisión en inglés, aunque no lo hablaba, la que probaba platos de comida diferentes. Sabía que mi vida tendría un rumbo diferente a lo que había visto en mi casa. Este impulso me llevó a conocer más gente, y cuando participé en concursos de belleza, nacionales, e internacionales resulté ganadora. En uno de esos viajes fuera de mi ciudad por un seminario de estudiantes, conocí a mi expareja.

Venía de una familia pudiente del Zulia, los conocí y seguimos en contacto. Él se casó y se divorció, luego de un tiempo nos encontramos en la boda de su hermana y empezamos una relación a distancia. Se había mudado a los Estados Unidos, pero viajaba muy seguido a Venezuela para poder vernos.

Compartíamos con nuestras familias, y como cada vez era más difícil despedirnos, tomé la decisión de mudarme con él a Utah. Hace 25 años llegué a este país, como muchos con un par de maletas, sin conocer la cultura, sin hablar el idioma, y con mucha incertidumbre. Venía enamorada, de la mano de mi pareja y eso me parecía suficiente. Llegué el 28 de octubre, nunca había visto tanta bruja y zombies juntos. Era Halloween y por supuesto yo no tenía ni idea de qué era eso. Por mi puerta sin adornos, desfilaron niños quienes tocaban para pedir sus caramelos.

Yo no les abrí, sin embargo, al día siguiente encontré una bolsita llena de golosinas, colgada en mi puerta que decía "Happy Halloween". Así me recibió Utah.

Con montañas, frío y con una fiesta que desconocía, allí empecé a darme cuenta de que era extranjera.

A pesar de la emoción de esta nueva vida, algunos de sus familiares no estaban muy de acuerdo con nuestra relación, porque para ellos yo no estaba "a su altura, o en el mismo nivel social".

Nos mudamos, la empresa creció, al punto de tener más de 200 empleados. Logramos comprar una casa, cambiamos de carro, viajamos mucho.

Económicamente estábamos muy bien, pero a medida que crecíamos profesionalmente, mi esposo tomaba más licor. Ya no era suficiente la cerveza de la tarde. Bebía desde las 10 de la mañana y no paraba hasta que estaba borracho y se caía en el piso. En otros momentos no venía a la casa, sencillamente se desaparecía.

Así como su problema de alcohol creció, también sus agresiones, no podía preguntarle dónde estaba o con quien, porque me iba muy mal me maltrata físicamente y de palabra.

Obviamente los problemas en nuestra relación se hicieron muy grandes. Estaba casada con un extraño.

En medio de las discusiones me decía, que no me podía quejar, que yo tenía todo. Era una muñeca de la cual presumía, y debía comportarme como la esposa perfecta, pero dentro de la casa todo era maltrato y sufrimiento.

Hablé muchas veces con su familia para ayudarle con el problema de alcoholismo, me contestaban que él era así y que debía tenerle paciencia. Su situación estaba fuera de control.

Durante los 10 años de casados no tuvimos hijos. Yo deseaba tener un bebé, me sentía preparada y quedé embarazada en agosto del 2007. A pesar de todos los problemas, estaba feliz y trataba de manejar con inteligencia los momentos en que estaba ebrio.

Uno de los recuerdos más amargos fue el de una navidad cuando le pedí que compráramos un arbolito para decorarlo. Me monté al carro y al saber que había tomado le dije, déjame manejar para estar tranquilos, se molestó se paró en el medio del camino y me sacó casi a empujones.

Allí me dejó, en medio de la carretera oscura, embarazada, a menos de 30 grados Fahrenheit. Caminé hasta conseguir un local donde pude llamar a una amiga para que me viniera a recoger. Cosas como estas pasaban a menudo, ya al final me asustaba su presencia, al punto que para evitar cualquier altercado me separé de cuarto.

Tenía siete meses de embarazo, cuando un policía tocó mi puerta, me dijo el nombre de mi esposo y que si lo conocía. Le dije que sí.

En ese momento pensé que habría tenido un accidente, o lo habían arrestado por manejar bajo la influencia del licor. El oficial me pidió que me sentara, todo pasó por mi cabeza menos lo que la policía me respondió: "Su esposo está detenido por cargos de violación a otra persona". Al verme embarazada me preguntó si tenía familia o amigos a quién llamar. Inmediatamente llegaron unos amigos y se quedaron conmigo esa noche. Siete meses de embarazo, sola, en total incertidumbre preguntándome qué pasaría conmigo y con mi bebé.

Estuvo detenido, salió bajo fianza con la ayuda de su familia. La noticia apareció en todos los periódicos, en una ciudad donde no pasaba nada: "un prominente empresario era acusado de violación".

Recuerden vivíamos en Utah, aquello era un escándalo. Recuerdo los comentarios de mis tías, de mis primas, de mis amigas que me decían qué suerte la tuya, que me tenían envidia de la buena, con un esposo tan trabajador y ahora con el embarazo seguro me tenía como a una princesa. No tenían idea de mi realidad y de lo que estaba pasando.

Seguí con mi embarazo. En los últimos dos meses no dormía, no comía, el estrés era tan grande que mi parto estaba demorado. No sentía dolores, ni contracciones, finalmente con 10 días de retraso nació mi hija.

Mi esposo estuvo allí durante el parto, pero me mantuve enfocada en lo primordial que era la salud de mi niña. Estaba en libertad condicional pero debido a sus malas decisiones entre el alcohol y las apuestas nada volvería a ser igual. Lo perdimos todo, no teníamos ni siquiera donde vivir.

Una amiga en las afueras de la ciudad nos ofreció un cuarto, nos mudamos con ella. El intentaba reactivar la compañía, mientras seguía su proceso judicial, incluso llegó a conseguir algunos trabajos que nos permitieron alquilar una casa, pero nuestra relación estaba irremediablemente rota, no había más que hacer.

Un día se levantó y me informó que nunca había introducido mis papeles de inmigración, que se iba y se llevaba a la niña. Que desesperación sentí. Agarré mis papeles, corrí al banco y ya había cerrado las cuentas bancarias que creía teníamos juntos, también cerró las cuentas del teléfono.

Como si fuera poco, llamó al dueño de la casa que teníamos alquilada, le dijo que se iba y que cancelaba el contrato de arrendamiento. Los días que siguieron fueron una pesadilla. Se fue, yo no tenía casa, ni trabajo, ni dinero, estaba en la calle. Sola.

Desde que salí embarazada dejé de trabajar, mi marido se encargó de que mi nombre no apareciera en ningún lado. Pensé que era normal, era su negocio, pero luego con el tiempo entendí que había preparado el camino para dejarme sin nada. Desesperada acudí a su familia, no quisieron involucrarse, la respuesta no me sorprendió.

No tenía donde vivir. El dueño de la casa donde alquilamos entendió mi situación y me dio un mes para mudarme a otro lugar. Después de tener tanto, no contaba con nada, ni siquiera para comprar leche o pañales para mi hija. A mi familia nunca les conté lo que estaba viviendo, no quería que se preocuparan y mucho menos que me juzgaran por lo que estaba pasando.

Busqué ayuda, y terminé en un refugio. Pocas personas cercanas conocían la situación, muchos de los que consideraba mis amigos me cerraron las puertas, solo pedía un lugar para vivir. Busqué ayuda para víctimas de Violencia Doméstica y encontré un refugio de mujeres, donde me ofrecieron hospedaje, mientras mi situación mejoraba. Me dormía llorando, me despertaba llorando. Estaba destrozada, totalmente quebrada. Mi hija merecía una vida mejor, ni siquiera tenía dos años.

Allí me ayudaron con terapia, psicólogos, abogados, me socorrieron poco a poco lograron que retomara las fuerzas para salir adelante. Tuve que cambiar. Me hice más humana, saqué fuerzas que tenía escondidas.

Compartía con mujeres y niños en peores condiciones que yo, y mientras las ayudaba, sentía que me ayudaba a mí misma.

Te caes, aprendes y te levantas

Cuando tu mente es sometida a niveles tan altos de estrés te vuelves autómata, yo no dormía, amanecía cansada, y aunque ponía de mi parte, para conciliar el sueño era imposible. Caí en depresión, nada me alegraba. Trataba de entender los cambios que estaba viviendo, y por qué la vida me había lanzado al precipicio donde me encontraba, pero no encontraba respuestas, aquella no era yo. Con las muchachas del refugio, compartía mis miserias, pero también las pequeñas alegrías, trataba de animarme recordando mejores tiempos, decidí que el presente era lo único que tenía y empecé a disfrutar cada momento.

Contaba con mi hija y eso me daba ánimos, sabía que afuera me esperaba algo mejor y que aquello era sólo el camino para alcanzarlo. Lo que sí tenía claro es que nunca más volvería con aquel hombre que tanto daño me había hecho.

Con la ayuda de los grupos de apoyo del refugio, inicié el proceso de divorcio y de custodia de mi hija. Después de varias audiencias lo logré, yo solo quería salir adelante. Estando en el albergue pude procesar también mis documentos de residencia, y como los refugios son viviendas temporales me llegó el tiempo de mudarme. Una conocida al enterarse de mi situación me ofreció un cuarto en su casa mientras conseguía trabajo.

Mi hermano me ayudó a comprar un carrito con 300 mil millas, y me emplearon en un banco. En esa navidad mi mamá quería venir a conocer a su nieta. Llamé a mi otro hermano que la traería desde Venezuela y le explique la situación, sin detalles, acordamos vernos en Houston, con la excusa que había mucho frío en Utah.

Ya en persona hablé con mi mamá le dije que me estaba divorciando. Me abrazó y me pregunto ¿estás segura de que te quieres divorciar? le respondí que sí, que estaba más segura que nunca y que el proceso ya había empezado. Me dijo: " Hija, si eso es lo que tú quieres, cuenta conmigo". Aunque insistía que nos fuéramos a Venezuela que allí estaba nuestra familia, nuestra casa, apoyo nunca me iba a faltar. Recuerdo que me decía que así fuera, pura arepa con mantequilla, lo importante es que estuviera bien.

Fue muy duro despedirme de mi madre, ella estaba muy preocupada por nosotras. Yo me hacía la fuerte, asegurándole que todo estaba bien.

En algún momento yo también pensé en regresar a mi país, pero sabía que mi hija tendría un mejor futuro en los Estados Unidos. A mi regreso a Utah, con toda esa fuerza que dan los afectos, encontré un trabajo de cajera en un banco y pude mudarme a un apartamento con mi hija.

Mis ingresos eran tan ajustados que si comía un pedazo de pizza en Costco se me descuadraba el presupuesto. Me angustiaba, vivía tensa, y continuaba con mis problemas de conciliar el sueño.

Pasé casi dos años sin dormir bien, me diagnosticaron estrés postraumático y en consecuencia empecé a padecer de ataques epilépticos.

El estrés mata, a mí me volvió epiléptica

No recordaba nada, me desperté en un hospital y me dijeron que estando en el trabajo empecé a convulsionar. Supe entonces que se trataba de estrés, que debía descansar más.

Tuve tres convulsiones en dos meses. Me refirieron a un neurólogo donde después de muchos estudios fui formalmente diagnosticada con Epilepsia. Ese especialista me puso en tratamiento, y se lograron controlar los ataques. Son muchas las razones por las que puedes convertirte en epiléptica, por fortuna tiene tratamiento.

En mi caso, según me explicaron, se debió a los cambios químicos en el cerebro, producto del exceso de angustia, estrés y miedo que viví con mi pareja y la posterior separación.

Nunca en mi vida me había sentido tan abandonada, tan frágil, tan sola. Siendo una de las pequeñas en una familia de muchos, nunca me faltó apoyo, cariño y compañía.

Al llegar a este país como inmigrante, me pasó de todo. Superé la incomunicación por falta del idioma, la barrera cultural, la soledad, la pobreza, todo se acepta, aprendes y creces.

Lo más difícil es cuando sabes que ya no se trata solo de ti, sino que la persona más frágil y que más amas, sólo cuenta contigo. Mi hija llegó en un momento difícil de mi vida, vino a demostrarme que sí existe el amor puro, y que en vez de darle yo la vida a ella, fue ella quien me la dio a mí. Mi pequeña me enseñó a descubrir fuerzas que yo no sabía que tenía y me sanó.

En mi trabajo como cajera tomé cursos, estudié, crecí y llegué progresar paso a paso, hasta obtener el puesto de manager de Wells Fargo, donde trabajé por 7 años y obtuve reconocimientos por mi desempeño impecable. Seguir creciendo en el área financiera era mi meta, luego me ofrecieron un puesto en un Credit Union, donde mi experiencia bancaria me llevó a ser muy popular entre los clientes latinos.

Yo sola hacía más aplicaciones de préstamos que muchas agencias juntas. Las líneas para hablar o hacer una consulta conmigo eran interminables, esto creó cierta incomodidad en el equipo.

Pero yo siempre supe manejarlo, y como en otras oportunidades también obtuve reconocimientos por la forma en que hacía mi trabajo.

Como parte de los estímulos que recibí como empleada del banco fue que me ofrecieron un financiamiento especial para comprar mi propia casa. Algo que parecía inalcanzable lo conseguí y tuve la satisfacción de escoger el modelo de mi casa y participar en todo el proceso desde la construcción hasta que me entregaron la llave.

Un momento que marcó mi vida fue cuando llevé a mi hija a su tienda favorita para escoger su juego de cuarto para nuestra nueva casita. La cara de felicidad de mi pequeña se quedó en mi mente para siempre, los habíamos logrado.

En octubre del 2011 falleció mi madre en Venezuela, como estaba en el proceso de mis documentos de residencia, no pude asistir a su despedida de lo que me arrepiento y me pesa hasta el día de hoy. Descubriendo la fuerza que está en ti. Mientras crecía profesionalmente me aseguraba de no abandonar a mis amigas del refugio.

Entre mis amigos o conocidos, solicitaba ayuda en las redes sociales, recogía ropa, juguetes, pañales y trataba de ayudarles con algo. La gente era generosa, y respondía mis llamadas.

Un día una señora me contactó y me dijo que le gustaría donar algunas cosas. Eran una familia de dinero, lo supe apenas llegué a su casa, cuando llenaron mi carro de cosas nuevas para los niños. Lo mejor es que me dijeron que les gustaría seguir apoyándome.

Manejé hasta llegar a un punto donde me estacioné me sentía tan feliz que se me salían las lágrimas. No sé cuánto tiempo estuve allí, pero supe que algo muy grande estaba despertando dentro de mí, Ayudar y servir era mi propósito de vida.

Conocí personas que tenían organizaciones de ayuda. Un día logramos reunirnos y bajo el consejo oportuno de alguien a quien respeto y admiro, creamos la Alianza Venezolana de Utah. Al principio tenía la misión de ayudar a las mujeres necesitadas. Después crecimos y ampliamos nuestros servicios para toda la comunidad latina inmigrante que estaba llegando y requería asistencia para sacar las licencias, inscribir a los niños en las escuelas, ayuda médica, vacunas, alimentos, en fin, todos los servicios gratuitos que estaban disponibles en el estado de Utah.

Descubriendo la fuerza que está en ti

Haber sido víctima de maltrato y compartir con víctimas de abuso, me ha permitido conocer el tema a fondo y crear herramientas para decirles a las mujeres que pueden salir adelante, que hay ayuda. Pero lo más importante que yo aprendí y se los digo, es tener la valentía para dar el primer paso y despertar esa fuerza arrolladora que tienen dentro de ellas mismas.

Yo la descubrí, descubrí a Mayra, cuando no me creía capaz de sobrevivir el día a día, yo lo logré, lo estoy logrando y a veces no salgo de mi asombro. Eso sí, tuve que bajar la cabeza y con humildad buscar y aceptar la mano que se me ofrecía, tuve que prepararme, hacer sacrificios y esforzarme más que nadie.

Mientras trabajaba en el Credit Union, uno de mis clientes, dueño de una firma legal me ofreció una posición muy difícil de rechazar.

No sólo tendría un mejor sueldo, sino que los beneficios superaban a los de la empresa en la que me encontraba. Ellos veían la manera como atendía a los clientes, no sólo era honesta y clara, sino que podía ser compasiva y justa. Particularmente con los inmigrantes. La nueva posición como relacionista pública me permitiría atraer clientes, no solo para la oficina de Utah, sino de Arizona, ellos vieron en mí el recurso humano perfecto para incrementar su clientela.

Con la bendición de mis jefes, renuncié a mi trabajo del Credit Union y me fui con la firma de abogados. Trabajé con ellos 3 años, pero me hice experta en todo lo relacionado con inmigración, me gustaba mi trabajo, pero por razones de presupuesto decidieron eliminar el cargo, estuve con ellos hasta febrero del 2023.

Llevaba años sin vacaciones, entonces decidí descansar, en uno de esos días cuando le di permiso a mi mente para callarse y crear, se me ocurrió que era el momento de empezar mi propio negocio.

Me asocié con una amiga y empezamos a desarrollar la idea de crear un bodegón en donde ofreceríamos mercancía importada desde Latinoamérica. Conseguimos un local y durante cuatro meses trabajamos para crear un espacio sencillo y atractivo para nuestra gente. Cuando pensé que todo iba a estar bien, mi socia a menos de un mes de abierto me comunica que ella no quiere continuar en el negocio. Que ella quería enfocarse en su carrera y en su pareja. Hablamos sobre las posibilidades de cómo hacerlo, después de varias discusiones terminamos separando la sociedad.

Otro traspiés, otra ruptura de alguien en quién yo confiaba. Me quedé sola, pero gracias a mi familia, seguimos con el negocio, la gente nos apoyó nos han recibido con gran entusiasmo. Me encanta atender mi tienda.

También me gusta mi trabajo con la organización, así que atiendo a los dos con el mismo esmero y dedicación. La Alianza Venezolana de Utah se ha convertido en una plataforma no solo para ayudar de los inmigrantes, también ha sido una referencia de trabajo en conjunto con las autoridades del estado y federales. Este arduo trabajo de más de 5 años nos llevó a obtener el reconocimiento de Espíritu de Servicio 2023, un premio otorgado por la gobernación a organizaciones sin fines de lucro. Es la primera vez que se otorga a un grupo latino.

También fuimos reconocidos como Organización sin fines de lucro del año 2023 por parte de Intermountain Healthcare, una de las empresas en el área de salud más grandes del oeste de Estados Unidos.

¿Una "gochita" venezolana en la política?

El 2023 fue un año de sorpresas, y una de esas llegó en noviembre, cuando compartí con otras organizaciones a nivel nacional en una reunión que me permitió visitar a congresistas y senadores en Washington para presentar propuestas a favor de los inmigrantes. Luego una de esas organizaciones mi hizo una invitación a otra reunión privada con autoridades en la Casa Blanca. De 7 personas yo era la única mujer presente.

Observaba todo a mi alrededor y me dije: "¿quién iba a pensar que aquella niña tímida, podría estar allí, en reuniones tan importantes en la Casa Blanca?" Allí estaba yo.

Como les dije al principio estoy donde quiero estar, las puertas se me siguen abriendo a veces sin tocarlas, creo que es el resultado de un trabajo constante y desinteresado para responder a las necesidades de la comunidad de inmigrantes. Ahora con todo el aprendizaje que he logrado, gracias a los golpes y a los maestros que la vida puso en mi camino, me siento feliz, serena y confiada. Les confieso que mi intención no era llegar a la política, pero si se da la oportunidad, estoy lista para aceptar y así continuar ayudando a mi comunidad.

Este capítulo que me tocó escribir como parte del grupo de mujeres inmigrantes es sólo un pedazo de mi vida, lo mejor está por verse y me encanta. Estoy lista para enfrentar los retos que se me presenten, estoy preparada para caerme y levantarme una y otra vez, ya no me da miedo, entendí que la vida te quita y te da y que depende de ti poder alcanzar lo que te propongas. Amigos no importa de dónde venimos ni cómo lo hicimos. Este es el país de las oportunidades, estamos aquí.

Te invito a darte permiso para construir tu sueño y espero que lo hagas en grande.

Gracias.

IDAKSUE
MONTOYA - RUIZ

"Amo a esa mujer positiva que se secó las lágrimas y que se levantó una y otra vez, que aprendió que cada error trae una enseñanza y cada caída es un impulso que te lleva hacia adelante."

Celebrando el camino que me llevó hasta mí

Idaksue, es mi nombre, pero me llaman Sue.

El nombre lo escogió mi papá, así se llamaba una bailarina española que le encantaba, si lo lees al revés significa Euskadi, capital del pueblo vasco.

Ser parte de este libro es el inicio de un nuevo capítulo en mi vida que comienza con mi retiro. Si, me retiro del trabajo, un trabajo que amé y que me permitió crecer, aprender, prosperar en un área que me encanta, la investigación criminal.

Me voy, dejo el trabajo formal que me dio grandes satisfacciones y los ingresos para progresar social y económicamente en los Estados Unidos, pero mi vida continua llena de planes.

A mi edad, la lista de sueños y metas por alcanzar es inmensa.

Mientras escribo estas páginas, miro hacia atrás, reviso mis errores y caídas y siento un gran amor por esta mujer que, viniendo de un hogar sin recursos, en donde le tocó ser la número 16 de los hijos de una mamá cansada, fue la primera de las hembras, en su familia en estudiar y graduarse. Una mujer que se casó varias veces, dos con el mismo hombre, que llegó a ocupar posiciones gerenciales en Venezuela y a quien no le importó cambiarse los tacones por unos zapatos de goma para limpiar casas ajenas y empezar una vida nueva fuera de su país.

Amo a esa mujer positiva que se secó las lágrimas y decidió levantarse una y otra vez, que logró ser feliz y encontrar la paz, el amor y la estabilidad económica no sólo para vivir bien junto a su hijo y ayudar a los suyos, sino para darle la mano a los miles de compatriotas que se quedaron atrás.

Mi vida está llena, mi vaso se reboza y por eso hoy más que nunca siento la obligación y el deseo de dar, de devolver a todo el que toca nuestra puerta, (**SOS Venezuela-Denver**) organización sin fines de lucro que junto a un grupo de venezolanos creamos para darle apoyo a los que se quedaron en Venezuela y a los que siguen llegando.

Mi versión de inmigrante tiene un final feliz, soy feliz, lo digo sin rubor, sin pena, me lo merezco, porque lo soñé, lo trabajé y hoy lo comparto con ustedes a sabiendas que para muchos una caída, un fracaso a veces significa el fin de un hermoso proyecto.

No, no tiene que ser así, los errores, las caídas que, en mi caso, fueron muchas, me dieron la fuerza y el impulso para seguir. No hay una fórmula para alcanzar las metas, pero la constancia, la disciplina y el ser positiva han sido la llave que me abrió las puertas a la felicidad y al éxito que hoy me enorgullezco en compartir.

Los últimos serán los primeros

Esta frase que tomo de la biblia aplica perfectamente a mi situación, fui la niña que llegó cuando nadie lo esperaba, pero no por llegar de última dejé de recibir lo que me tocaba y más.

Mi mamá tendría unos 48 años cuando harta de tanto maltrato dejó a su primer marido, el papa de mis 15 hermanos. Aquella tal vez sería la primera decisión personal que tomó mi mamá. Dijo que se iba a Caracas, a visitar a su hermana, y nunca más regresó. Por primera vez hizo algo sin preguntar, se propuso rescatar el amor de su vida. De esto me enteré hace unos días, hablando con una de mis hermanas mayores.

Siendo adolescente, mi mamá se enamoró de un joven violinista que tocaba en las fiestas del pueblo, a ella le fascinaba, pero a mi abuela no. No sólo le prohibieron verlo, sino que la obligaron a casarse con otro, que para mi abuela se veía más serio y económicamente más estable.

El esposo que le impusieron era guitarrista y junto a otros músicos alegraban los fines de semana de aquella comunidad sencilla, donde no pasaba nada, tocaban y bebían. Las fiestas terminaban siempre con grandes borracheras en donde mi mamá recibía la peor parte, sexo sin ganas y golpes sin merecer.

Para las mujeres de los años 20 no había escapatoria, el hombre proveía el techo y la comida y eso le daba derecho a mandar y a exigir. Así transcurrieron los primeros 35 años en la vida de mi mamá, con aquella pareja, hasta que, sacando fuerzas, no supimos de donde, se fue a Caracas a encontrarse con el violinista hermoso que se convertiría en mi papá.

No conozco los detalles de aquella decisión inconcebible para la época, pero lo cierto es que mi mamá nunca dejó de amar a aquel muchacho que la miraba con amor en cada oportunidad que se encontraban, aun cuando ambos estaban casados.

Pasaron los años, el muchacho se divorció y se fue a la Capital y detrás de él mi mamá, quien seguía pensando que aún había tiempo para amar y ser amada, encontrar la felicidad y escapar del infierno que era vivir con aquel marido borracho que nunca la respetó.

Mientras se acomodaba con el violinista, mi tía, la recibió en su casa junto a los niños más pequeños. Para ellos, al igual que para mi mamá, habría techo, comida y amor, según la promesa, hecha unos meses antes, en uno de los pocos encuentros a escondidas de aquella pareja mayor que serían mis padres.

Les cuento esta parte de mi historia para analizar y comprender por qué me convertí en quien soy y las herramientas que me ayudaron a abrirme paso en la vida.

La pareja de enamorados esperó que mi hermanito hijo del primer esposo de mi mamá tuviera cuatro años para concebirme. Me imagino que no fui programada, porque eso no existía, simplemente de tanto amarse, aparecí.

A diferencia de mis hermanos estuve rodeada de alegría y amor, no sólo de mis padres, sino de todos los hijos de mi mamá que me trataban como un juguete. Puedo decir que tuve muchos papás y mamás, que me amaron y protegieron.

Así que, en mi vida, donde faltaba de todo, porque con el sueldo de taxista de mi padre apenas alcanzaba para lo básico, me sobró afecto, cuidado y atenciones. Mi papá me adoraba y mi mamá, aunque dura y severa no dejó de expresar el amor que sentía por mí y lo importante que yo era en su vida.

La única en ir a la escuela y graduarse

No puedo negar que algunos de mis hermanos sentían celos, yo era privilegiada, por ser la más chiquita y la única hija del nuevo esposo de nuestra mamá, el que nos mantenía, además la única en ir a la escuela. Por ese motivo, no limpiaba la casa, ni cocinaba, tampoco lavaba los platos como le tocaba al resto de mis hermanas. Era la niña, la princesa, la muchachita inteligente que algún día sería licenciada.

Quería ser abogado, pero era muy costoso, así que fui al Colegio Universitario de Caracas, en donde me gradué en administración de empresas, lo que me permitió convertirme en gerente de uno de los bancos más importantes de mi país.

Tanto empuje, tanta fe, tanto amor me hicieron fuerte en la mayoría de los terrenos, menos en la relación con los hombres, eso tal vez lo heredé de mi mamá.

Era una muchacha simpática y extrovertida. Fui reina de los estudiantes, de la parroquia San Juan, madrina del liceo y de cuanta feria había. Perdí la cuenta de los muchachos que me pretendían. Recuerdo que, a los 15 años, había un joven que me encantaba, pero mi mamá era muy estricta, no me dejaba nunca sola, quizás por eso me casé bien rápido para salir del yugo que significaba la vigilancia de mi mamá y mis hermanos. La verdad es que a ella le aterraba que saliera embarazada y repitiera su historia de tener un muchachito cada año.

La vigilancia y el control apuraron mi matrimonio, era un hombre bello, bello de verdad y el primero que vino en serio con la propuesta de boda. Era el hermano de una amiga en el primer banco donde trabajé, me fascinaba, me enamoré, pero su inmadurez e inseguridades, hacía que fuera infiel y me pusiera los cuernos con cuanta mujer se le atravesó. Sufrí mucho porque lo amaba, pero era muy difícil convivir con tanta mentira, con él duré cuatro años, no tuvimos hijos, menos mal.

Un día que llegó a las 6 de la mañana, cuando yo salía a trabajar decidí que ese sería el último. En la tarde recogí todo menos los muebles y me fui. Me mudé a mi primer apartamento en donde me tocó vivir sola, por fin era libre y con una estabilidad emocional y económica envidiable.

Joven, libre y sola

Me sequé las lágrimas y seguí adelante. Como adoraba mi trabajo me concentré en crecer y escalar posiciones, me encantaba mi nueva vida, sin marido y sin mamá. Salía, me divertía, aceptaba a todos los que decían que me amaban. Me gustaba que me quisieran, vivía enamorada del amor, hasta que apareció el que sería mi segundo marido. Nos gustamos y me casé por segunda vez.

Él era profesor en una famosa escuela de inglés en mi país, donde me inscribí como parte de los requisitos para aspirar a una posición internacional en el banco y poder viajar a los Estados Unidos. Me encantaba su inglés perfecto, su simpatía, su cuerpo atlético y que no sólo le gustaba yo, sino que estaba listo para tener hijos y formar familia.

Al principio todo era bonito, nos divertíamos salíamos, y yo seguía progresando en el banco, esto le afectaba porque mientras yo crecía, el seguía en lo mismo. Su aspiración consistía en tener una esposa casera, que lo convirtiera en papá.

Insistía en que tuviéramos hijos, pero yo no salía embarazada, a pesar de me hice cuanto tratamiento existía en la época, o sea que lo de tener hijos, en esa época, no era para mí.

Nos mudamos al Litoral Central, a una hora de la Capital, en donde asumí el cargo de Gerente Regional.

Esto afectó aún más nuestra relación, peleábamos por todo y por nada, su inmadurez me agobiaba en algunos momentos, entonces de mutuo acuerdo, nos separamos.

Fue un momento bien difícil, duro especialmente para él. No pasó mucho tiempo cuando conocí a Alexis mi tercera pareja, con quien no me casé, pero de quien salí embarazada.

La vida es muy rara, yo quería darle un hijo, y no se pudo, en cambio de otro hombre de mi vida a quien no le interesaba para nada la paternidad, salí preñada. Me embaracé la primera noche, cuando con muchas ganas, pero con miedo y vergüenza me acosté con él. Digo vergüenza porque, aunque estaba separada de mi segundo marido, no terminábamos de cerrar el divorcio. Yo no me cuidaba, para qué, si estaba convencida de que no podía procrear. Bueno tal vez lo que ocurrió es que todos los tratamientos anteriores que me hice terminaron funcionando.

Esta parte de mi historia tiene un sabor amargo/dulce, me da tristeza no haberle dado un hijo a mi anterior marido, quien, a pesar de ser celoso e inseguro, era bueno, y para quien mi crecimiento profesional resultó siempre un estorbo en sus limitados planes familiares.

Cuando yo regresaba a casa feliz a contar mis logros, me cortaba diciendo: ¿"Y cuándo vas a ser mamá"? Pero también fue una época dulce, porque salí embarazada, no de él, sino del nuevo novio, que sería el papá de mi hijo.

Recuerdo que cuando mi ex- esposo ponía en duda mis capacidades maternales, me atormentaba, me sentía incompleta, por eso a pesar de la culpa y vergüenza, sentí alivio, una gran alegría al saber que sí podía ser mamá.

La noticia que para mí fue una bendición, no lo fue para el papá de mi hijo. Su primera reacción fue insinuar que saliera de eso, que abortara, ¡ay que dolor!, cómo iba a abortar, si yo lo había buscado por años.

Sufrí mucho en esos días, conocí el miedo, me sentía mala, traicionera, hasta mi mamá quien siempre estuvo a mi lado, me decía que cómo era posible que le hubiera hecho eso a mi ex.

Tenía 32 años, podía defenderme, no necesitaba a nadie, pero me dolía el rechazo de todos. Así es la vida, aprendí que las decisiones traen consecuencias.

Sin embargo y a pesar de la oscuridad que me acompañaba estaba convencida que saldría adelante, aunque por un tiempo tendría que cargar con mi morral de culpa. Salí adelante, y en medio de esta turbulencia nació mi hijo, la mayor bendición de mi vida, la razón de vivir.

La relación entre el papá de mi hijo y yo se hizo cada vez más violenta. El hombre alegre y divertido de quien me enamoré se volvió resentido y celoso. Me reprochaba todo: mi embarazo, mi trabajo, que asistiera a reuniones, que fuera feliz.

Me ofendía diciéndome: "Dios sabrá con quién te estás acostando".

Un día al regresar de un concierto al que estábamos invitados y que no quiso ir, casi me mata a golpes frente a mi hijo, me agarró por el cuello y mientras me gritaba, me arrancaba la ropa y la tiraba por la ventana. Me empujo tan fuerte que terminé estrellando la cabeza en los muebles de madera. Llena de sangre y asustada me encerré en la cocina, agarré un cuchillo, y llamé a su mamá, le dije: "Mejor será que venga señora, su hijo me quiere matar y yo me voy a defender". Temblaba preparando el contra ataque, por fortuna llegó su mamá, lo calmó y se lo llevó. Con el tiempo nos separamos.

El maltrato físico es horrible, pero el sicológico es peor, deja marcas que no se ven y te debilitan. Me sentía indefensa, chiquitica. Lo que yo viví no se lo deseo a nadie, fueron dos años que me cambiaron y me lanzaron a un hueco, lo único que me sostenía era mi hijo y mi papá quien no dejó de apoyarme y a quien nunca le dije ni la mitad de lo que había vivido.

Mientras tanto a nivel profesional, donde siempre fui una estrella, las cosas también cambiaron. Llegó la crisis financiera en mi país y mi banco como otros tantos, tuvo que cerrar sus puertas.

Me tocó abandonar a más de cinco mil clientes que confiaron en mí y en la sucursal que yo manejaba y para quienes ni yo ni nadie, en el sector financiero, tuvo respuesta.

Había una crisis, una debacle financiera que comenzó con el Banco Latino y que por efecto dominó, acabó con decenas de bancos y con los sueños de miles de venezolanos a quienes nunca se les dio explicación, ni se devolvió su dinero.

Tropecé de nuevo con la misma piedra

Por primera vez en muchos años sentí que para mí no había salida. Cerraron el banco donde trabajaba y me quedé desempleada. No quería saber del papá de mi hijo ni el de mí, además tenía toda la responsabilidad de mi hijo, quien para ese momento había cumplido cuatro años.

Recuerdo que en esos días me llamó la mamá de mi segundo esposo, con ella siempre mantuve una buena relación. Él después de nuestro divorcio, quedó muy afectado y se mudó para Denver, Colorado en donde se casó con la hija de una actriz venezolana, muy famosa. En medio de la conversación telefónica, "la Negra", así le decían a su mamá, me preguntó cómo me iba con la crisis financiera y me hizo saber que su hijo se estaba divorciando. Aquella fue una llamada rara que terminó acercándonos a él y a mí.

Me llamó y hablamos, como si nada hubiera ocurrido. En realidad, yo nunca quise hacerle daño, tampoco él a mí, pero el hecho de no cumplir con sus expectativas de madre y esposa, y después salir embarazada de otro hombre, con quien ni siquiera estaba casada, hizo que se alejara y me evadiera por un buen tiempo.

Él me seguía amando y en medio de la crisis, que ambos estábamos viviendo, acordamos que lo intentaríamos otra vez. De nuevo me habría su corazón, su casa en Estados Unidos y me ofrecía apoyo para comenzar.

En Venezuela con el cierre de los bancos, no veía futuro, así que con el dolor de mi alma vendí todo, dejé a mis padres, a mi familia, a mis amigos y me fui. Atrás quedó mi mundo conocido y estable donde había triunfado y vivido los mejores años de mi vida.

Mi conversación con él fue clara. Nos conocíamos, nos habíamos amado, aprenderíamos de los errores y lo intentaríamos de nuevo.

¡Nos volvimos a casar, que locura! Si, me volví a casar con el mismo. Seguía pareciéndome a mi mamá, en eso de no saber estar sola y buscar apoyo en los hombres. Necesitaba estabilidad y de nuevo me ofrecía todo lo que en ese momento para mí era importante. Él, por su parte, logró tener un hijo, lo apoyé en la crianza de su hijo; yo sería la mamá, la esposa y la señora de la casa que tanto anhelaba.

Me dediqué a ser mamá, como nunca lo había hecho, pero soy workohólica y en Estados Unidos hay que trabajar. Puse a mi hijo en la escuela y como no tenía aun papeles me dediqué a limpiar casas.

Una ejecutiva que limpia casas

Yo estaba decidida a triunfar, no hablaba el idioma, no tenía papeles, pero disponía del mejor currículum con que un ser humano puede contar. Me respaldaban la seguridad y el amor que habían sembrado mis padres y hermanos, me sentía capaz y merecedora de alcanzar las metas que me propusiera.

Así con una gran autoestima y mi sonrisa enorme, toqué las puertas y se me abrieron.

Preparé un currículum en donde además de mi experiencia en finanzas, que no servían para mucho, agregaba mis dotes de buena limpiadora de casas. Me vestía con ropa deportiva, bien maquillada y peinada y con orgullo empecé a ser lo que nunca había sido una excelente señora de limpieza.

Al principio me veían como que me había equivocado de lugar y de ocupación. Me presentaba, como no me conocían y yo tampoco conocía a nadie, llegaba orgullosa con mi tobo y mi coleto. Lo mejor era cuando me pagaban, lo multiplicaba y era un dineral en mi país, aunque aquí apenas me alcanzara.

Este trabajo, que amé, me permitió darle valor a lo que hacían mis hermanas y mi mamá y que, a mí, por ser la más chiquita y consentida nunca me dejaron hacer.

Me volví humilde, sencilla para reconocer que cuando se tienen metas, no importa empezar desde el escalón más bajo, porque ese primer escalón te llevará a donde quieres. Pensando así disfrutaba de todo, aprendí a defenderme con el idioma, algo que necesitaba con urgencia, pues ni mi hijo me entendía.

Tuve clientes fijos que le pedían a la compañía de limpieza que me enviará a mí. Me preparaban desayuno y algunas señoras me decían que me sentara a compartir con ellas.

Hubo un señor a quien le limpiaba su casa que me invitó a cenar. Me asusté y pedí que no me lo asignaran más, en fin, la experiencia fue maravillosa.

Mientras tanto, cambié de carrera, no más finanzas y como siempre había querido ser abogado, transferí mis créditos universitarios y entré a la Universidad de Phoenix a estudiar criminología. La carrera que se hace en cuatro años la hice en tres. Agarré cuanto curso gratis ofrecían en los city colleges y en las iglesias para mejorar mi inglés; cada vez lo hablaba mejor.

En esos días una amiga me habló de una posición en el departamento de cobranzas en la compañía telefónica donde ella trabajaba, me contrataron, luego apliqué para otra posición en el departamento de fraude. Seguí creciendo hasta que me nombraron supervisora y llegué a tener a catorce personas bajo mi responsabilidad.

A pesar de mis limitaciones con el idioma nunca deje de mirar hacia arriba, sabía que era capaz, aunque tuviera acento y con frecuencia, la gente arrugara la cara, porque no me entendían. Me limitaba a sonreír y a repetir la frase, poniendo más énfasis en la pronunciación, hasta que me entendieran. Nada me importaba, yo sabía quién era y lo que quería, lo demás, repito sería parte del proceso de soltar la lengua.

A los tres años asumí el cargo como gerente en el departamento de fraude, allí crecí y durante los 16 años que estuve con ellos, obtuve mejores posiciones. Más adelante entré a una corporación dedicada a la salud, en donde por la experiencia en el área de investigación criminal me contrataron en el departamento de fraude y lavado de dinero. A nivel profesional logré y sigo logrando lo que he propuesto.

Lo que no fue no será

Desde que llegué en 1994, me dediqué a mi hijo y a mí, intentaba crear un hogar con mi marido; creo que lo logramos por un tiempo, pero para ser sincera, creo que no estuve enamorada de él. Durante los primeros diez años quería quererlo, le agradecía todo lo que hacía por nosotros, incluso varias veces intenté salir embarazada, perdí uno de esos bebés un poco antes de fallecer mi papá. Más adelante me detectaron unos quistes cancerígenos en los ovarios y el doctor me aconsejó hacerme una histerectomía, le dije doctor, sáqueme todo.

Teníamos una casa hermosa, frente a un campo de golf. Las cosas materiales no ayudan cuando no hay amor, al contrario, y aunque él ganaba mucho dinero, gastaba más de lo que producía, además tomaba a diario y cuando se molestaba me insultaba por cualquier motivo y en las ofensas incluía a mi hijo.

Un día durante una discusión, agarró a mi hijo por el cuello. Para evitar que la situación empeorara, mi muchacho que era mucho más fuerte y grande que él, terminó yéndose de la casa. Yo estaba de viaje y cuando mi ex me contó lo ocurrido me volví como loca, le dije búscalo, si algo le pasa, lo vas a pagar muy caro. No podía tolerar que mi hijo reviviera el maltrato que ambos habíamos sufrido con su papá. Hablamos los tres, aunque estaba claro que mi marido no lograba superar la rabia y el resentimiento de mi abandono y que aquel hijo no fuera de él.

Nuestra relación era complicada, las peleas con su ex-esposa eran muy fuertes y de alguna manera empañaban nuestra vida en pareja.

Estuve con él todos esos años, por agradecimiento, por culpa, y por miedo. Lograba lo que me proponía en el ámbito profesional, en cuanto a mi vida personal me daba pánico salir de mi zona de confort, de la casa, de ese espacio que sentía me protegería para siempre. Había perdido mi identidad, me sentía tan indefensa que ni siquiera me atrevía a manejar al centro de la ciudad, me daba miedo estar sin un hombre, me sentía pequeña, sin fuerzas. Dependía de él.

Con este hombre con quien me case dos veces viví 15 años. Cuando mi hijo se fue a la naval, no tuve más excusas para seguir con este medio amante y medio amigo, quien al final no pudo ser ninguno de los dos. Nos separamos y nuevamente me sentí en paz.

Estaba sola, otra vez sola y aunque teníamos decenas de conocidos que vinieron a las múltiples fiestas que hicimos en casa, la mayoría eran sus compañeros de trabajo, con quienes no tenía nada en común.

De Denver me mudé para la ciudad de Englewood en Colorado, me acomodé en un apartamento de una habitación. Se repetía la historia, volví a quedarme sola pero libre y en paz.

Buscando un hogar encontré el amor.

Empecé a buscar a mi gente, a buscar "mi hogar", después de 15 años volvía a ser yo. Descubrí a mi comunidad, a mis hermanos venezolanos. Para entonces ya mi papá, el ser que más me amó y que amé, había fallecido. Me quedaba mi mama, única razón para volver a Venezuela, volví, pero ya no tan seguido, hasta que se acabaron los motivos para regresar. Entendí por fin, que mi hogar estaba aquí, y que el alma de esa casa era yo. El duelo no se me iría nunca, porque el dolor del país no se te va, me propuse encontrar nuevos afectos.

Conocí a un norteamericano que bailaba salsa riquísimo.

Volví a bailar, a reír, me encantaba porque parecía que me amaba, me halagaba, me decía que era bella, que era importante en su vida, necesitaba escuchar todo eso, aunque en su vida había mucho drama, y allí estaba yo, lista para escucharlo y ayudarlo.

Además de ser su "psicóloga" y la que cubría los gastos de nuestras salidas, esto definitivamente no me gustaba.

Él se dio cuenta y un día me dijo: "no eres tú soy yo", terminamos. Seguí saliendo con mis amigos venezolanos, iba a fiestas y reuniones, disfrutaba de mi soltería.

En una fiesta de Navidad un amigo puertorriqueño, cuya novia era venezolana, me comentó que sus tíos conocían a una persona que podía interesarme. No quería involucrarme afectivamente con nadie. Estaba herida, después de la experiencia con el americano, mi divorcio, etc., así que no me mostré interesada. Mi amigo y su novia siguieron insistiendo. En la primavera del 2011 fui a una parrilla en la casa de sus tíos y allí estaba Frank, un hombre maduro, retirado de una agencia gubernamental y actual ejecutivo para una corporación de telecomunicaciones en ese momento. Hablamos toda la noche, me encantó, intercambiamos tarjetas y quedamos en vernos.

Tuve que esperar tres semanas por la llamada que cambiaría mi vida. Salimos, pero por si acaso la cena se volvía fastidiosa y el hombre terminaba siendo un aburrido, le dije a una amiga que me llamara, inventaría cualquier excusa y le pondría fin a la cita. El teléfono sonó insistentemente y yo no la agarré.

Todo en él me gustó, especialmente porque era norteamericano. Después de lo vivido con mis parejas anteriores me prometí nunca más aceptar a un novio latino.

Allí estuvimos tres horas, faltó tiempo para conocernos, pero estaba decidida a iniciar algo de una vez. Serían las copas, no sé, pero sin pena y muy segura de mí le pregunté: "Do you like me", ¿te gusto? Así, directo sin anestesia, entre sorprendido y contento, me respondió: "Claro, claro que me gustas". Bueno, -le dije- es que no quiero perder tu tiempo, ni el mío.

Desde ese momento hasta hoy es mi pareja, mi amor, mi compañero de viaje, el que me apoya en todo, el hombre que me da paz y que me acepta como soy.

Estaba contenta con mi nuevo amor y las actividades que empezábamos a crear con los venezolanos, era una comunidad que necesitaba consolidarse, me propuse hacer algo por los que estaban llegando y por los que se quedaron en mi país.

Decidimos organizarnos. Hicimos marchas, protestas, nos reuníamos para comprar comida y medicinas, lo que fuera necesario para apoyar a Venezuela. Allá en mi país la gente se estaba muriendo de hambre. En eso estaba cuando mi mamá, quien ya tenía 100 años, se puso muy mal.

Me fui a atenderla, allá no se conseguía nada, así que en cada viaje cargaba con pañales, champú, papel toilette, jabón, en nuestro otrora rico país todo escaseaba, nunca imaginé que llegaríamos a ser como Cuba, cada vez estábamos peor.

Con enorme dolor le dije adiós a mi mamá, a la mujer fuerte que me enseño tanto, con ella, que era lo más grande que me quedaba en mi país, se iban las posibilidades de retorno: no volví más.

En Venezuela se había establecido una dictadura en donde los jóvenes y los mayores recibían la peor parte. Los jóvenes porque eran los que daban la cara: los encarcelaron, los torturaron, los mataron sin contemplación, cientos de muchachos murieron. Los viejos, por su parte, se quedaron huérfanos de hijos, y nietos, solos. Todo el que podía irse se fue. Nos quitaron el país, nos robaron los sueños. La rabia y la tristeza me consumían, otra vez sentía un enorme vacío. Con el apoyo de Frank y mi recién descubierta comunidad venezolana, decidí hacer algo por mis paisanos.

Venezuela nos necesita

A mi regreso la gente me preguntaba que cómo veía las cosas. Qué si hubiera elecciones, que si pudiéramos pensar en un cambio. Mi respuesta fue contundente, por ahora no.

Era frustrante no poder hacer nada allá, entonces decidimos organizarnos. Sino podíamos cambiar al gobierno, intentaríamos ofrecer un paliativo y ayudar a los necesitados.

En el 2014 creamos una cuenta de Facebook. De la noche a la mañana empezaron a escucharse las voces de los venezolanos, éramos muchos, 400 nombres respondieron y compartieron el saludo, que fue la manera como inicié mi cuenta.

Katy, una amiga del grupo, junto a otra chica de apellido Carrión me convenció de que hiciéramos una reunión, debíamos juntarnos, conocernos y actuar.

Así fue cómo surgió la idea de reunirnos en el Capitolio de Denver, con estas chicas que tenían más experiencia, conseguimos los permisos y convocamos a una concentración.

Para nuestra sorpresa, llegaron cientos de personas, portando pancartas donde pedían libertad, gente alegre vistiendo nuestro tricolor, por primera vez desde Denver pudimos mostrarles a nuestros compatriotas que no estaban solos, que su dolor era el nuestro.

Así nació **SOS, Venezuela-Denver.** Mi cuenta personal de Facebook nos sirvió de plataforma para empezar a construir la organización sin fines de lucro que me enorgullece presidir y representar.

Para Julio de ese año con la ayuda de muchos venezolanos hicimos otra actividad: el primer festival cultural de venezolanos. Fue maravilloso poder reunir a más de dos mil personas, había gran entusiasmo. Por primera vez sentíamos que existíamos como país, fuera de Venezuela, entre todos le dimos forma a la organización que a partir de ese momento tendría la misión no sólo de promover nuestros valores, unir a los venezolanos en el exterior, sino darles apoyo a nuestros hermanos necesitados fuera y dentro de los Estados Unidos.

Despedida, dolor, cambio y crecimiento

Decirle adiós a mi papá en 1996 dos años después de haber salido de Venezuela y luego a mi mamá en el 2014 es un dolor que nunca se va. Mi papá nunca entendió por qué yo los había dejado.

Cada vez que los visitaba o llamaba, me repetía lo mismo, hija, porque te fuiste y me acariciaba la cara, me agarraba las manos, me repetía una y otra vez, quédate, aquí está tu casa, nadie te querrá como yo. Según mi mamá, lloraba todos los días.

Poco antes de morir lo fui a visitar, se complicó con Shingle, una enfermedad que en mi país se conoce como culebrilla. En un par de semanas se fue, tuve tiempo de abrazarlo, pedirle perdón y prometerle que a mi mamá nunca le faltaría nada, lo que no pude decirle es que estaba embarazada.

Creo que mi tristeza fue tanta que terminé perdiendo a aquel bebé que tanto deseaba darle a mi segundo marido.

Seguí yendo a Venezuela para apoyar a mi mamá, quien se volvió suave y cariñosa, pero al país, cada vez lo sentía más duro y ajeno. Es un sentimiento extraño, quieres mantener el recuerdo de cuando fuiste feliz en tu país, pero los cambios te afectan, los lugares, la gente es diferente, te duele tu tierra, pero sabes que tu lugar ya no está allí.

Estaba decidida a hacer lo que fuera para empezar de nuevo, encontrar a la mujer fuerte y feliz que había sido en mi país, por eso no me importo ser la señora que limpiaba. Mi tobo y mi coleto eran solo una pequeña cuota de sacrificio que me pedía la vida.

Para abrir una puerta más grande, había que empezar desde cero y lo hice, por supuesto nadie en mi país lo sabía para ellos Idaksue, estaba en Norteamérica y eso era suficiente para sentirse orgullosos.

El problema surgió cuando me vino a visitar una amiga muy querida, no le había dicho ni lo que hacía, ni en lo que andaba, solo que me había vuelto a casar, que estaba feliz con mi hijo, descubriendo cosas nuevas y aprendiendo inglés.

Su visita me hizo entrar en conflicto, porque una cosa es lo que tú sabes de ti, de lo que eres capaz para alcanzar las metas y otra es tener que explicarle a todo el mundo que aquí uno tiene que trabajar en lo que sea, para comer y pagar las cuentas.

Aquí se consume y se gasta y no hay que sentir vergüenza por hacer el trabajo que te ofrezcan. Yo no tenía papeles y eso era lo que me tocaba, pero que difícil fue tener que explicar que después de haber llegado a la cima, me tocaba arrodillarme a limpiar pocetas.

Era noviembre mi esposo en ese momento, me fue a recoger con mi amiga al lugar donde limpiaba. Yo salí de lo más arregladita, porque eso sí, me ponía linda para ir a trabajar. Mi amiga era empleada de Viasa y solíamos salir a divertirnos en los mejores lugares en Venezuela.

Llegó y entre lágrimas y abrazos desapareció la vergüenza, le expliqué lo que hacía y nos reímos como niñas en medio de una travesura, ella, mi querida Mariana me conocía tanto como yo y sabía que muy pronto estaría en donde yo quisiera estar.

Así fue: limpié casas, cuidé niños, trabajé de cajera, me gradué de criminóloga, me contrataron en una compañía telefónica en el área de estafas y fraude, con ellos estuve 16 años, hasta que se mudaron a Kansas.

Toda experiencia me abrió las puertas para trabajar en una gran corporación dedicada a la salud, de nuevo en el departamento de fraude, estafas y lavado de dinero, trabaje para el sector financiero en el área de investigaciones criminales pertinente al lavado de dinero y terrorismo financiero. Ese fue mi último trabajo formal de donde me retiré hace unos meses, para seguir creando y creciendo, pero a mi ritmo, sin horarios ni presiones.

Mi vida al servicio de SOS Venezuela-Denver

Han pasado 30 años desde que salí de mi país y nuestra organización pasó de ser un grupo informal en donde se reunían los venezolanos para conocerse y promover la cultura, a una asociación sin fines de lucro registrada legalmente y con una agenda y propósitos muy claros.

Después del primer festival venezolano en el 2014, hicimos otro en el 2015, y aunque era muy divertido y nos sentíamos orgullosos de difundir nuestros valores culturales, decidimos que la situación de Venezuela ameritaba un compromiso mayor. Cada vez llegaban más compatriotas a Denver y ayudarlos y compartir información era crucial.

Entonces nació un grupo de encuentros (networking) en donde los que ya estábamos asentados en Colorado invitábamos a los recién llegados a participar para darles la mano en lo que fuera necesario. Asesoramiento para conseguir viviendas, escuelas, posibles trabajos, en fin, la información es fundamental cuando se llega a una ciudad, a un país nuevo.

Una vez al mes nos juntábamos a compartir ideas y dar ayuda al que lo solicitara, al principio era información después, repartíamos, comida, medicinas, ropa para los que estaban llegando, lo que le sobraba a uno ayudaba al otro, creamos una comunidad que se mantiene super activa hasta el momento.

El 16 de Julio del 2017 organizamos y participamos en la Consulta Popular, donde ese día pudimos reunir a 1537 venezolanos que se presentaron para firmar, fue un éxito total.

En el 2018 recibimos a nuestra violinista Daniela Padrón, su presentación sirvió para recaudar fondos para Venezuela, así cumplíamos con el doble propósito de promover la cultura y ayudar.

De allí en adelante cualquier actividad que organizáramos tendría que destinar recursos para ayudar a los venezolanos de afuera y de adentro.

Aún en medio del COVID respondimos y seguimos respondiendo a las necesidades de nuestra comunidad. Enviamos ayuda a 22 estados de nuestro país, fuimos a lugares remotos, donde nunca había llegado ningún tipo de ayuda. En cada pueblito establecimos contacto con las iglesias y las organizaciones locales, que nos garantizan que nuestra gente estaba siendo servida. Así mismo contamos con el respaldo de organizaciones muy serias y con años de experiencia como son Caritas de Valencia, Caracas y San Cristóbal.

Este trabajo continuo y nuestro compromiso es seguir llegando a los lugares más desasistidos.

Un inmigrante diferente

El venezolano que salió y el que conocíamos hasta hace muy poco, era aquel que llegaba con ganas de trabajar, de servir, de construir un futuro para él y sus hijos, así llegué yo y otros miles de compatriotas que emigraron desde que Chávez y su pandilla impusieron su sistema de hambre y miseria.

Desafortunadamente hoy en el 2024 la gente que se está viniendo no es la misma, no quiero generalizar, porque me consta que en medio de la turba que está saliendo por Colombia, Panamá y México hay gente decente, pero lo que yo veo, los que nos llaman, llegan pidiendo, exigiendo en base a promesas que escucharon de los traficantes de seres humanos. Eso me parte el alma, porque detrás de la necesidad veo un comportamiento que se ha consolidado en ese nuevo inmigrante venezolano, que espera recibir sin dar. Para confirmar este punto cada vez son más los casos de venezolanos arrestados o involucrados en situaciones contra la ley.

El problema es muy difícil, nos duele y como grupo seguiremos ayudando al que no tiene nada en Venezuela y al inmigrante trabajador, que se está abriendo camino para crecer y construir una nueva vida fuera de su terruño.

Hace un año me mudé para Nuevo México y desde aquí continuo activa con la organización que creamos en Colorado, con la intención de continuar mi actividad comunitaria con los venezolanos residentes en esta comunidad.

Cada error una enseñanza, cada caída un impulso

A mi edad vivo el momento más feliz de mi vida, tengo lo que siempre había buscado, tranquilidad, paz, me siento bendecida por todos los regalos que se me presentan diario. MI hijo tiene salud y está contento, además tengo a mi lado al hombre que escogí como compañero de vida a quien amo y me quiere, casi tanto como me quería mi papá.

Sufrí, sufrí mucho pero el ser positiva ante cada situación difícil, me permitió salir adelante.

Por fortuna tengo la oportunidad de ver hacia atrás y entender que después de tantos golpes, tropiezos y malas decisiones he aprendido. Ahora puedo recoger y dar, ayudar a otros a encontrar el camino, su techo, ese hogar que le dará la estabilidad para desarrollarse y crecer como me pasó a mí.

Si me preguntan cuál ha sido la clave para alcanzar la estabilidad y ser feliz, debo decirles que ha sido mi optimismo, la fe en Dios y el apoyo de una familia con valores.

Los cuidados, el amor de mis hermanos y hermanas, de mi papá de mi mama, de mi hijo, ellos son la esencia de mi vida, mi crecimiento y la felicidad que siento.

Hoy mi plato reboza, mi alma está llena, estoy agradecida y quiero compartir con todo el que me necesita a nivel personal y a través de la organización que hemos creado. Aunque por unos meses me tomaré una larga vacación, me alejaré de todo como parte de mi retiro laboral y mi bienvenida a la libertad de hacer con mi tiempo lo que me dé placer.

No más horarios, ni obligaciones por un tiempo, viajaré. Ya lo comencé a hacer, a finales del año pasado me fui con mi amor a visitar 21 países entre Europa y África, desaparecimos, aprendimos, disfrutamos, libres de compromisos.

Cierro esta historia diciéndoles que sigo amando a esta mujer extrovertida que le huye a los conflictos, que seguirá intentando ofrecer la mejor versión de sí misma, que disfruta del presente, abierta a todas las oportunidades, cada vez con menos temores, porque aprendió que cada error traerá una enseñanza y cada caída será el impulso que la llevará hacia adelante.

Gracias por permitirme compartir mi historia de lucha y crecimiento.

MARU
QUINTERO

"Todos los inmigrantes somos valientes porque nadie deja su tierra si en ella se siente pleno..."

Ser inmigrante, un camino transformador y de gratitud

¡El ser inmigrante sigue siendo mi mejor lección de vida! Ese salto al vacío rompió un cordón umbilical que me tenía atada a una vida sin colores. Cuando se escribe este capítulo en el 2024, cumplo 30 años de haber salido de mi terruño y en mi andar, me he quebrado y levantado muchas veces y hoy camino fortalecida por la decisión de emigrar.

Me honra ser parte de este grupo de doce mujeres inmigrantes quienes salieron de su país sin prisa, pero con ganas de crecer y crear. Me propongo contarles mi historia, pero más que hablar prefiero escuchar, así que para mí no será una tarea fácil.

Hay mucho en el camino que transitamos los inmigrantes. Nos pasa de todo, y si tenemos paciencia y ganas, encontraremos las herramientas para servir y ayudar, pero primero tenemos que quebrarnos, rompernos y recomponernos.

Esa es mi experiencia, te caes, te levantas, lloras, ríes, aprendes y sigues.

Aquí voy, me presento con humildad, esperando que mi historia les motive a seguir si es que están atascados o si la ruta se ve oscura. Sigan, no se detengan, no dejen de soñar, ser inmigrante es una aventura enriquecedora de la que saldrán fortalecidos y la luz al final del túnel, siempre llega.

En el proceso aparecerán maestros cuando menos lo imaginen, también tendrán que dar, ofrecer lo mejor de ustedes, confiar, porque quienes emigramos somos semillas que esparcidas por el mundo alimentamos la tierra, como el abono fresco que transforma y enriquece.

Lo hicieron nuestros ancestros que aportaron sus colores, sus sabores, el conocimiento y de ese intercambio de culturas surgió un hombre nuevo. Eso mismo estamos haciendo hoy miles de inmigrantes quienes salimos de nuestros países y llevamos nuestros talentos, cultura, comidas, ganas de trabajar y sembrar vida donde lleguemos. El inmigrante sale para crecer, pero también para dar y transformar.

No lo busqué, me llegó porque era mío

Nací, me crié y estudié en Caracas, Venezuela y al graduarme de bachiller me fui a estudiar a Suiza. Me fascinaba compartir con gente distinta, aprender su lengua y sus costumbres. Nunca imaginé que muchos años después, dejaría mi tierra para siempre y me convertiría en otra emigrante.

Regresé a Venezuela, me gradué en Comunicación Social, especialidad Radio, Cine y Televisión. Me encantaba el trabajo de los narradores de noticias y soñaba con trabajar con mi voz, ser locutora me parecía fascinante.

Desde cuando estaba estudiando la carrera, trabajé como supervisora de guión y continuidad en cortometrajes, videoclips, comerciales para cine y televisión y un largometraje. Y ¿de qué va ese trabajo? Les cuento, las producciones audiovisuales no se graban en el orden que vemos en la obra final. Se puede empezar el rodaje por la escena final o por la mitad de la historia y desde ahí completar el producto. Mi responsabilidad era cuidar, no solo que todos los elementos que conformaban la escenografía, el vestuario y el maquillaje estuvieran iguales a la escena que antecedía a la que se grabaría en un momento determinado, sino, además, que el libreto se cumpliera a cabalidad y que la posición o gesto en el cual quedaban los actores al grito de 'corte' del director coincidieran con la escena siguiente. ¿Han notado alguna vez que una actriz sale en una escena con la cartera en la mano derecha y en la siguiente o no la lleva o la tiene en el hombro izquierdo? Pues ahí, no se cuidó la continuidad. Hoy día existen muchos recursos para dejar constancia de todos estos elementos, pero yo lo hacía de memoria y tomando muchas notas y aunque en los inicios me supuso un gran esfuerzo, la verdad es que, con el tiempo, el ver más allá de los evidente, se convirtió en una segunda naturaleza.

Después de unos 8 años, decidí explorar otra área de mi carrera y entré al periodismo. Estuve cubriendo la fuente de cultura en un periódico en mi país y simultáneamente dirigí una revista del mismo grupo editorial. Durante esa temporada, por deseos del director del grupo editorial, transformé la revista que tenía un género mixto a una dedicada a las mujeres y el éxito fue notorio, tanto que cuando decidí retirarme de ese empleo, el director de comercialización me contó que durante el período que estuve ahí, las ventas de publicidad se triplicaron.

Después de salir del grupo editorial, quise conocer otras caras de la comunicación y entré a una consultoría de diseño gráfico donde aprendí muchísimo de un área muy ligada a la comunicación como lo es el diseño gráfico...y mi sueño de trabajar como narradora de noticias y locutora seguían vivos. Para encaminarme hacia allá estudié locución y audicioné en un canal de televisión y una estación de radio y cosas de la vida, me emplearon en ambos y de forma simultánea. En esa época, inicios de los 90, todavía había libertad de prensa en mi país y fui muy feliz realizando ambos roles. En la radio trabajaba en las tardes y en el canal narraba en la edición estelar de la noche.

Profesionalmente estaba plena, pero...

Estaba sola, me había divorciado y como no me alcanzaban los sueldos para tener mi propio hogar, regresé a vivir a casa de mis padres. Una decisión muy dura y difícil, pero inevitable, Estando allí, mi mamá me invitó a ir Miami para resolver el asunto de un inquilino que no se quería mudar de un apartamento que con esfuerzo compraron, pedí vacaciones y nos fuimos.

Mis padres compraron una propiedad en Miami Beach cuando éramos muy jóvenes, la disfrutamos en las vacaciones de la escuela, hasta que dejamos de ir y la alquilaron. Ahora 10 años más tarde querían recuperarla, arreglarla y dejarla lista para compartir con sus hijos y sus nietos.

Mientras duraba el trámite con el inquilino, unos amigos nos invitaron a Orlando. Allí conocí a un joven quien al enterarse que era locutora y periodista, me invitó a su programa de radio. Él tenía un espacio de variedades, un 'talk show' de cuatro horas cada domingo.

Mientras esperábamos para entrar en cabina, entablamos una conversación tan sabrosa que, sin mucha preparación, me dijo que si quería continuarla al aire y sin dudarlo, entré a cabina y seguimos hablando con micrófono abierto. Esa fue mi incursión en el mundo de la radio en los Estados Unidos. 5 de junio de 1994, un día memorable.

Me presentó como la colega de Venezuela y para mi sorpresa los teléfonos no dejaban de sonar, una de esas llamadas resultó ser de la dueña de la estación, quien quería hablar conmigo.

Nos fuimos a comerciales y en la pausa me dijo que le gustaba lo que estábamos haciendo, que si quería trabajar en la estación.

Yo no salía de mi asombro, pero entendí que aquello era para mí. Al día siguiente me entrevistaron y todo era para ya, resolvimos lo del apartamento de mi familia, me fui a Venezuela y renuncié. Vendí lo único que tenía, un Fiat Ritmo que amaba y con el cual recorrí Venezuela y un celular, con ello logré reunir 4.000 dólares, ese sería mi capital para emigrar. Solicité una visa como corresponsal internacional la cual me permitía permanecer y trabajar legalmente y me convertí en emigrante.

La verdad, jamás me había cruzado la idea de irme de mi país. En los años 90, la vida en Venezuela, aunque con dificultades y costosa, era una época muy bonita. Ahí quedaron mi familia, mis amigos, mis querencias, mis playas, mi ciudad y mi cerro.

Pero sabía que ese camino que la vida me estaba mostrando necesitaba tomarlo. Me había divorciado y estaba de vuelta con mis padres y quería marcar distancia entre mi ex-esposo y yo de quien me había divorciado hacía cuatro años, pero seguíamos en contacto. Creo que todavía lo quería, y me costaba cerrar, por eso la invitación para trabajar en una radio en Orlando me vino como anillo al dedo, de esa manera terminaría nuestra extraña relación de no, pero sí.

Me fui directamente a Orlando para trabajar como periodista y locutora. Estando allí, estuve en 2 programas de radio y crecí muchísimo como profesional, porque además de coproducir los programas y hacer segmentos especiales, hacía entrevistas, locuciones y comerciales.

También fue la primera vez que vivía sola. Había llegado a una ciudad que desconocía y a un país donde solo contaba conmigo. ¡Qué experiencia tan maravillosa y aleccionadora por igual! Recuerdo que conseguí vivir en un apartamento que me prestaron por unos pocos meses donde dormí en el piso durante bastante tiempo. No tenía auto y debía estar en la estación de radio de lunes a viernes a las 7 a. m. Para lograrlo, salía a las 3 de la mañana para tomar el primer autobús que me llevaría a la estación de transbordo de autobuses ubicado en el centro de la ciudad, ahí tomaba un segundo autobús y llegaba puntual a la estación. El regreso era igual, tardaba 4 horas en cada trayecto. Un tiempo que me permitió pensar, organizar mis ideas, orientarme en mi nueva ciudad y seguir.

El vivir sola me resultaba fascinante. Nunca había sido dueña absoluta de mis decisiones y acciones. Es en esos momentos cuando los valores se hacen más presentes y nos guían ante la incertidumbre.

Uno de mis recuerdos más entrañables fue cuando pasados unos 5 meses logré comprar mi primer juego de ollas y cocinar mi primera comida caliente. Sí, desde cuando llegué y en vista de mi poco capital, solo me permitía comprar frutas, ensaladas, quesos, leche y cereales y cuando algo se me acababa, pues a esperar hasta el siguiente mes. Recuerdo claramente bajarme del autobús en una tienda que hoy ya no existe y escoger con una dedicación pasmosa, como si la vida me fuera en ello, mis ollas. Me monté de nuevo en el autobús, llegué a casa, dejé mi compra, caminé hasta el automercado, compré aceite, arroz, aderezos, carne molida y un plátano maduro, regresé a casa y preparé con un esmero único, mi primer manjar. ¡Me supo a gloria!

Es en esas experiencias de dónde vienen, en muchos casos, las grandes lecciones de la inmigración. Esos 'pequeños-grandes' momentos le dan un enorme valor a la nueva realidad. Todos los comienzos son diferentes, pero estoy segura de que para todo aquel que decide dejar su patria, ese comienzo representa una huella indeleble.

Orlando siempre es esa ciudad donde me siento en casa. Es una ciudad que siento como mía porque tuve la gran fortuna de conocer personas maravillosas que poco a poco me hicieron sentir en familia, que pertenecía, que valía.

Muchos años más tarde regresé a ella con mi hija adolescente para cerrar mi periplo por Florida. Orlando significa para ambas, el comienzo de un largo proceso de sanación. Pero bueno, ese es un pedazo de mi historia que les cuento más adelante. Sigo...

Estuve casi 2 años ahí, hasta cuando decidí irme a Miami donde había para ese entonces mejores oportunidades de trabajo. En el sur de Florida regresé al periodismo escrito y trabajé en ediciones especiales del recién creado periódico El Venezolano y tuve una sesión de salud hasta cuando un querido colega y amigo me ofreció trabajar en el canal People & Arts del grupo Discovery Channel que estaba comenzando sus emisiones y donde me encargué de supervisar los libretos que luego se grabarían y saldrían al aire.

Mientras tanto, poco a poco me iba abriendo camino en la locución, oficio que disfruto muchísimo y que todavía ejerzo. Tuve la dicha ser invitada a pertenecer al Screen Actors Guild o SAG y a AFTRA, los sindicatos del mundo del espectáculo que brindan la oportunidad de ser la imagen o la voz de clientes a nivel nacional e internacional. Desde entonces he sido la voz de clientes como McDonalds, Bally Total Fitness, BellSouth, Publix, Olive Garden, entre muchísimos otros.

Siempre digo que trabajaré con mi voz hasta cuando ya no suene más.

Estaba en mi propia evolución cuando mi ex, decidió venirse. Confieso que la soledad es muy mala consejera, acostumbrada a estar con familia, era difícil no caer en la tentación de intentarlo otra vez. Ahora sí lo lograríamos.

En 1995, cuando tenía apenas un año de haber llegado, me volví a casar, sí con el mismo. Poco tiempo después salí embarazada y justo el día que cumplía 3 meses, lo perdí. Me causó una profunda tristeza porque mi gran sueño era y es ser mamá. Siempre digo que ser mamá es mi mejor 'oficio'...años después, recibí el mejor regalo de mi vida, salí embarazada de mi hija.

Viví un embarazo feliz, rodeada de música y de afectos muy importantes; sin embargo, también lo viví sola porque mi esposo se fue a Ecuador con un contrato temporal y cuando regresó estaba inmensa, a punto de dar a luz. En febrero de 1999, nació mi persona favorita.

Anhelaba tener más hijos, volví a salí embarazada y cuando tenía casi 5 meses, lo perdí. La sugerencia de los médicos fue que nunca más intentara quedar embarazada porque el embarazo que acaba de perder era un embarazo molar y que otro intento podría ser fatal. Se me rompió el corazón, mi hija pedía una hermanita y yo soñaba con otra personita, pero la vida fue muy clara. Intenté adoptar en 9 países y nunca pude. La vida me estaba diciendo por todos lados que mi situación, como estaba, era la ideal. Años después, le daría la razón.

Mi esposo y yo seguíamos intentándolo, pero el tiempo sabe poner las cosas en su lugar. Ambos vemos y enfrentamos la vida de formas muy diferentes y cuando tienes un hijo, esas diferencias lejos de sumar, restan.

Cuando ella cumplió 6 años, mi marido y yo nos divorciamos. Ahora sí sería para siempre.

Mi hija y yo dejamos el sur de Florida para irnos al centro de Florida y en esa oportunidad, Orlando volvió a ser esa ciudad amable, generosa y amorosa que una vez me recibió. Ahora nos recibía a ambas y juntas emprendimos un largo camino de sanación y florecimiento.

Estando en Orlando me reencontré con colegas y amigos entrañables y volví a la radio junto a uno de ellos por 2 años más. La radio es un medio que amo porque permite tener contacto con la audiencia de forma inmediata y cercana.

Unos años después nos mudamos a Carolina del Norte. Tanto mi hija como yo anhelábamos poner distancia entre el pasado y el futuro que queríamos construir.

Contaba con algunos ahorros y los trabajos de locución que les seguía haciendo a mis clientes, con quienes mantengo una relación comercial desde hace muchos años, me ayudaron a mudarnos. Estaba convencida que algo aparecería, la vida siempre ha sido generosa conmigo, me mostraba el camino y llegaba lo que me correspondía.

Esa mudanza a Carolina del Norte me permitió conocer otra cara de los Estados Unidos, la realidad de su gente y de la comunidad inmigrante. También me hizo sentir el racismo. Ahí entendí que vivir en Florida, no es vivir en los Estados Unidos, Florida es cualquier ciudad de Latinoamérica o del Caribe.

Mi despertar al servicio del inmigrante

El día que llegamos a Carolina del Norte, mi hija y yo salimos a pasear y terminamos en la tienda del museo de arte en Chapel Hill, una ciudad hermosa que escogimos como nuestro nuevo hogar. Sin cita, ni preámbulo pregunté si necesitaban a alguien, les dije que acababa de llegar y que quería trabajar allí. Llené una planilla y a los meses me llamaron para una entrevista. En los días que siguieron recorrí la ciudad y dejé mi resume en todas partes, hubo respuestas y las ofertas de trabajo llegaron juntas.

Me contrataron en el museo, y también en Univisión para hacer un programa para la comunidad latina, estaba feliz. Siempre me ha gustado ayudar y ahora podía hacerlo con mi profesión, ofreciendo información de valor y en español.

Mi jefa en Univisión, con quien tenía una relación excelente, me dijo que con el Censo del 2020 se abría una gran oportunidad para mí. El gobierno Federal buscaba crear alianzas y necesitaba personas bilingües que lograran conectar con los grupos minoritarios, afroamericanos y latinos. Muchas familias en estos grupos se negaban a completar el censo, y, por ende, a dejarse contar.

Me contrataron después de pasar muchas entrevistas y filtros. El trabajo no era fácil, la gente sentía desconfianza y miedo, y, además, llegó la pandemia y todo se volvió más difícil. Mi misión era entrar a sus espacios y ser ese mensajero de confianza para explicarles porqué era conveniente dejarse contar. Una labor dura porque el inmigrante indocumentado vive con temor y desconfianza porque su situación de vulnerabilidad es altísima.

Gracias a este trabajo conocí la realidad de otros inmigrantes quienes, a pesar de vivir sin documentos, son indispensables e inmensamente valiosos. Sentían que no pertenecían, que no los querían aquí, entonces para qué completar el censo. Muchos tienen la única meta de trabajar al máximo, ahorrar y regresar a sus países. Allá tendrían su tierrita donde construirían su hogar.

El trabajo con el censo terminó en septiembre del 2020 y para entonces ya había conocido mucho más a la comunidad hispanohablante del estado y una empresa me contrató para trabajar como intérprete.

Mi trabajo era acompañar a los pacientes de bajos recursos e inmigrantes que habían sufrido algún accidente en el trabajo, durante sus visitas médicas cuando se sentían más vulnerables porque estaban enfermos, o tenían algún dolor, yo era el vínculo entre ellos y los procuradores de salud.

Sin proponérmelo me convertí en su persona de confianza, la que se ponía en sus zapatos y en medio de una enfermedad o crisis exponía la situación de la manera más clara y favorable.

Aprendí mucho junto a estos inmigrantes a quienes me tocaba servir y quienes, sin quererlo, me mostraron la realidad al otro lado de la frontera. Sus historias eran desgarradoras. Durante mi trabajo como intérprete me acerqué mucho a la comunidad migrante en necesidad. Una vivencia que marcaría y cambiaría mi vida.

Después de esa experiencia, me llamaron de una organización sin ánimo de lucro que conocí durante mi gestión en el censo para trabajar como gerente de operaciones en el programa Healthier Together (Comunidades Más Saludables) donde una de las misiones era informar y promover la vacuna contra el Covid. Hoy día sigo en ella como gerente de comunicaciones y alcance a la comunidad.

Uno nunca sabe quién nos mira ni escucha, pero el ofrecer lo mejor y hacer lo correcto, nos abre muchas puertas. La invitación a trabajar en esa entidad, me lo confirmó.

El inmigrante venido de México y Centroamérica, en muchos casos no entiende el inglés y a veces tampoco el español porque habla el dialecto propio de su región. Algunos nunca han ido a la escuela y la comunicación es un gran reto. En esos momentos, la paciencia, la empatía y la compasión fueron mis mejores compañeras.

Recuerdo cuando iniciamos las campañas de vacunación contra el Covid, la resistencia era tal, que me las tenía que ingeniar para cambiar sus mitos por información. Les explicaba la importancia de vacunarse y sus respuestas eran: "No señorita, yo voy a estar bien, no me quiero quedar estéril, en mi país me recomendaron esta hierba que es milagrosa" o "No señorita, Dios me cuida". En otros casos, los retos venían por su condición migratoria. Muchos no querían compartir su dirección postal y para solventar esta situación hablamos con los Consulados de México y Guatemala, les propusimos hacer campañas de vacunación ambulatorias dos o tres veces por semanas en las sedes diplomáticas y utilizar sus direcciones cuando la persona no tuviera una permanente. Todo fluyó.

Con estos inmigrantes crecí muchísimo. Ellos han sido unos grandes maestros para mí. Yo salí de mi país porque quise, porque encontré trabajo, hice un plan y me quedé. Ellos salieron por necesidad, trabajaban de sol a sol y el objetivo, para muchos, es siempre regresar, pero es una decisión muy complicada.

Aprendí de su dolor y su necesidad. Me quebraron y me transformaron.

En uno de mis trabajos con la comunidad mexicana aprendí que además de su música y su rica comida, ellos tienen un gran respeto por su cultura y tradiciones y una de ellas es el 'Día de muertos', fecha cuando le rinden tributo a quienes se fueron primero. Para ellos la muerte es un tránsito en donde hay vida. ¡Qué maravilla! Fue en esa celebración cuando entendí que mis abuelos nunca me dejaron y que la certeza con la que suelo tomar mis decisiones tenía un toque mágico e inexplicable.

Hablo con ellos a pesar de ya no están en este plano y en silencio logro que me aclaren mis dudas. Esta ayuda incondicional de mis ancestros ha marcado mi vida. Lo supe desde cuando una noche mi abuela fallecida, me visitó y me anunció que el abuelo se había ido, que estarían juntos. Al día siguiente me llamó mi mamá para darme la noticia que ya yo sabía. Mis abuelos son mis guías. Hoy lo tengo claro, todo lo que he vivido tiene sentido, hay una razón que por fin puedo entender.

Tesón y voluntad, eso me dejaron mis padres

Vengo de una familia con 3 hijos, yo soy la mayor y la única mujer. Fuimos una familia de clase media, en donde vivíamos cómodamente y viajábamos por lo menos una vez al año.

Mi papá fue gineco-obstetra y mi mamá estudió para ser maestra de preescolar y diseño de interiores, pero nunca ejerció porque mi papá no se lo permitió. Mi papá fue una persona muy severa, siempre imponía su autoridad, era duro con la palabra, criticaba mucho, nunca supo dar afecto y en mi casa se hacía lo que él decía, como lo quería y cuando lo quería. Quizás esa fue la razón por la que inconscientemente me casé pronto para salir del yugo paternal.

Mis padres se conocieron en Caracas, mi mamá tenía 14 años y es de Trujillo, uno de los estados que conforman los Andes venezolanos y mi papá 24, caraqueño. Ambos se fueron a España a estudiar sus carreras y años después se reencontraron y decidieron casarse.

De mi mamá heredé la paciencia, la solidaridad, el gusto por escuchar y apoyar. De mi papá el amor por la música, el respeto al trabajo y el afán de superación.

Mi papá mantuvo abierto su consultorio privado hasta cuando cumplió 76 años y se retiró después de tener dos accidentes cerebro vasculares y un intento de secuestro saliendo de su consultorio. Fue pionero en su profesión y trajo a más de 20 mil niños al mundo según consta en el resumen del historial de sus pacientes. Nos lo trajimos a los Estados Unidos en contra de su voluntad. Su deseo fue siempre regresar a España.

Mi papá tuvo una vida bonita, logró todo cuanto anheló. Murió en el 2021 al lado de mi mamá, quien sigue en Miami.

Recuerdo que claridad que una de las cosas que más anhelaba al llegar del colegio, era correr a abrazar a mi mamá. Sus abrazos siempre me regalan paz, cobijo, amor. Ha sido una madre dedicada, amorosa, paciente, cuidadosa, divertida y hasta el día de hoy, sigue siendo una de mis rocas, siempre solidaria, siempre presente.

Mi infancia fue emocionalmente muy difícil, limitante y sin voz. Siendo adulta comencé a recibir terapia psicológica y entendí que crecí sin pensamiento crítico, sin el genuino derecho a la equivocación ni a expresar mi sentir con libertad. Gracias a esas sesiones estoy aquí, sigo viva. Esa terapia salvó mi vida y lo sigue haciendo.

Cumpliendo mi propósito como venezolana

En el 2016 cuando todavía vivía en Florida, junto a la entidad Casa de Venezuela Orlando, solía participar en actividades de apoyo a nuestros compatriotas. Ya en Carolina del Norte sentía el deseo de seguir aportando a mi comunidad, pero primero debía estabilizarme por el bienestar de mi hija y el mío propio.

En el 2017, se hablaba de la consulta popular y junto a un grupo de venezolanos nos organizamos para impulsar el plebiscito. Para mi sorpresa aparecieron cerca de 10 mil compatriotas venidos de Georgia, Tennessee, Virginia, Carolina del Sur y por supuesto, de Carolina del Norte. Aquella participación masiva nos dio el impulso para crear una organización sin fines de lucro que llamamos Venezuela para ti. Unos años más tarde, tres de nosotras fundamos Casa de Venezuela North Carolina.

Comenzamos a trabajar para los venezolanos de aquí y de allá, éramos muy activos. Recogíamos ropa, medicinas, juguetes en navidad, también dábamos talleres de presupuesto familiar, seguros médicos e inmigración. Realizamos ferias donde participaron otras entidades públicas y privadas del estado ofreciendo información acerca de cómo establecerse y prosperar en Carolina del Norte, pero llegó la pandemia y como a muchos otros, ésta nos afectó muchísimo.

Como parte de esa labor comunitaria y al servicio de los inmigrantes, pertenezco a la red de organizaciones venezolanas en los Estados Unidos como representante de mi estado. En mayo del 2024, realizamos la primera cumbre de organizaciones venezolanas en Washington y tuve el honor de ser parte del comité organizador. Fue una experiencia muy enriquecedora y que trajo muchos frutos a nivel personal y comunitario.

Mi legado y renacimiento

Soy de naturaleza muy positiva, alegre, leal y valoro mucho mi intuición. En muchas ocasiones siento o percibo sensaciones sobre una determinada situación o persona que no logro explicar el porqué, pero que en la mayoría de los casos resultan ser ciertas. Por eso en mis muchos momentos de incertidumbre y temor, procuro relajarme y me dedico a esperar los mensajes que la vida me regala. Rara vez se ha equivocado. Mi mamá me cuenta que en eso soy igualita a su mamá, mi mama. Mi abuela nunca me permitió que la llamara abuela, para mi ella siempre sería mi mama, así, sin acento. Esa hermosa mujer barquisimetana, de piel morena, de porte elegante y muy alta, quien me enseñó a escribir mi nombre fue la luz de mis días durante los 6 años que la vida nos permitió compartir. Mi mama es uno de mis grandes amores y me encanta saber que a pesar de no tenerla conmigo, me dejó parte de ella pues lo que se hereda, no se hurta.

Soy curiosa y siempre me gusta aprender. Cuando algo me interesa, investigo hasta saciar mi curiosidad. Soy espontánea pero no improvisada. Prefiero escuchar antes que hablar. Me considero buena amiga y me gusta querer a quienes quiero y se los hago saber. Tengo muchos sueños por cumplir y me gusta manifestarlos con fe.

La danza y el canto son mis espacios mágicos donde me siento plena y feliz. No hay lugar para la crítica y el juicio, solo para la valoración, el crecimiento y el estudio continuo. Hoy día sigo arropada por la danza y el canto y así quiero seguir hasta cuando me toque partir.

Justo este año 2024 junto a la coral CUSIB Global a la cual pertenezco dirigida por los grandes maestros venezolanos de renombre mundial Alberto Grau y María Guinand, participé en el Festival Coral Latinoamericano en la ciudad de Miami organizado por la Universidad Internacional de Florida (FIU por sus siglas en inglés). La pieza central del repertorio fue la Cantata Criolla, una pieza icónica de nuestro repertorio venezolano. Este año se celebra el 70 aniversario de haber sido interpretada por primera vez en el teatro municipal de Caracas y nosotros, CUSIB Global junto a otros coros locales, tuvimos el enorme privilegio de ser los primeros en interpretarla en Miami...y todavía hay quienes dudan si los sueños se cumplen.

Una de mis grandes compañeras de vida es mi mamá. Con el paso de los años hemos construido una relación de amistad y de respeto muy sólida e inquebrantable. Admiro su lealtad, su tenacidad y sus ganas de superación. Ella es mi principio.

Mi gran maestra, mi hija. Estoy convencida que me escogió como mamá para mostrarme cómo llevar un andar en la vida más genuino y coherente con mis creencias. Juntas hemos enfrentado grandísimos retos y poco a poco los hemos superado. Ya es adulta y junto a su esposo, forman una linda pareja. Ella sí supo escoger un buen compañero de vida. Ella es mi fin.

¿Qué me resta? Seguir enfrentando los retos que supone el llegar a la tercera edad sin perder la ilusión, si se quiere juvenil, de lograr sueños. Aún me quedan muchos.

Mientras llega el momento de retirarme, dedico mi tiempo a la comunidad inmigrante que tanto me ha enseñado. Aportarles es uno de mis grandes compromisos.

En ese intercambio de enseñanzas que ha sido mi vida, he salido ganando. Cada entrevista, cada encuentro con quienes me ha tocado atender, me ha enriquecido. Gota a gota he recibido la medicina que necesitaba y he salido fortalecida.

El salto a la inmigración comenzó desde una vida sin color y poco a poco a través de los años, fue llenándose de colores y matices y hoy, disfruto de una vida multicolor. Sin duda, el ser inmigrante me hizo un individuo más robusto, más solidario, más empático...más humano.

Gracias por acompañarme.

DENISE
RINCÓN

"Nos hemos convertido en super héroes humanitarios [...], pero somos humanos y hemos rebasado nuestros propios límites."

Un camino de vida para aprender, crecer y agradecer

Venimos de una mujer y esa mujer es parte vital en nuestras vidas, si esa mujer no te acepta o no te quiere creces como un ser incompleto. Quisiera no haber crecido con este sentimiento de abandono, de haber sido mal querida, buscando siempre compensar el vacío inmenso que sentía. Hoy cuando escribo, me enfrento de nuevo a mis memorias y aunque las he superado, aparecen como fantasmas y me traen respuestas del por qué era quien era y hoy soy quien soy.

Nací y crecí en un hogar disfuncional en donde me agarré de todo lo positivo que me rodeaba, para sobrevivir y sentir que valía la pena vivir.

Crecí refugiada en la palabra de Dios y en los libros de crecimiento personal que me acompañaron a lo largo de mi adolescencia. Los escritores Norman Vicent Peale y Richard Bach a través de sus libros se convirtieron en mis grandes mentores. Me encantaba leer. El poder del pensamiento positivo, la técnica de visualización y el control mental me ayudaron a modelar mi personalidad y a refinar mi alto grado de intuición.

Hoy gracias a Dios y a los miles de ángeles que se cruzaron en mi camino soy una mujer agradecida, completa, feliz de haber construido una familia y de dar la mano a todo el que me necesita.

Quiero contarles mi historia llena de matices, dónde buscando respuestas y un hogar para mí, terminé ayudando a muchos a encontrar su destino, su casa.

Cuando hablamos de escribir este libro me pareció interesante resaltar el trabajo que por años venimos realizando cientos de compatriotas en pro de los venezolanos en los Estados Unidos.

Estas ganas de ayudar a nuestra comunidad me han permitido coincidir con algunas otras valiosas mujeres que al igual que yo, hemos decidido contar nuestras historias para visibilizar un gran trabajo de voluntariado en pro de nuestra gente que a veces pasa desapercibido. Hoy después de mucho vivir y aprender creo que nuestros relatos podrían servir de ayuda e inspiración para muchos inmigrantes que han llegado, siguen llegando, y no terminan de ver el sol, detrás de las tinieblas.

Amigos, el sol siempre brilla para cada uno de nosotros y estoy segura de que cuando nos leas sabrás que en este proceso de ajustarse y vivir como inmigrante, no estás solo.

Nací en USA, pero igual soy inmigrante

Mi papá era médico y se fue a New Orleans, USA, a hacer un postgrado, mi mamá, joven y recién casada lo siguió en sus planes, con la idea de estudiar, pero se embarazó y nací yo. Al poco tiempo, a mi abuelo, el papá de mi mamá, le diagnosticaron un cáncer y nos tuvimos que regresar a Venezuela. No pasó mucho tiempo cuando las metas frustradas de ambos afectaron la relación y al llegar a Venezuela se separaron. No vi a mi papá, sino muchos años más tarde.

Mi papá nos dejó cuando tenía solo tres años. A mis dieciocho años, llenas de muchas preguntas decidí salir a buscarlo. Tuvimos breves encuentros que me revelaron a un padre intelectualmente brillante y con una habilidad tremenda para jugar tenis, lo cual era mi pasión también. Sentía que teníamos muchas cosas en común y era alguien con quién me encantaba compartir mi pasión por el tenis. Descubrí que guardaba hermosos poemas que una vez había escrito para mí. Comenzaba a entender muchas cosas y me sentía feliz a su lado. Pero los encuentros terminaron hasta que su nueva esposa le prohibió verme.

Tendría como unos tres años cuando mi mamá se volvió a casar. Mi padrastro, era cariñoso y me trataba como a una hija.

También mi abuela era un ser especial conmigo, algunas veces me hablaba con cariño porque me quería y me parecía a ella. Mi abuela era medio bruja, veía y adivinaba cosas antes de que ocurrieran. Me decía: "Hija, tú eres como yo, tienes poderes", no sabía si era verdad, pero me gustaba creerlo y ser parte de ese secreto familiar, en donde la magia y los asuntos sobrenaturales eran parte de nuestros genes. La verdad es que más de una vez vi cosas antes de que ocurrieran, pero como no las entendía y tenía miedo de hablar, me las guardaba.

Mi infancia transcurrió en un hogar de clase media alta, donde había de todo menos amor; asistí a colegios privados y teníamos criadas. Pero mis padres no eran felices. Mi papá entró en depresión, se volvió alcohólico y se suicidó.

Años después me enteré de que mi padre postizo, a quien tanto quise, se quitó la vida en medio de una discusión telefónica con mi mamá. Aquella pérdida significó un golpe para todos en la familia, y una tragedia de la que mi mamá nunca se recuperó.

Yo era muy organizada y disciplinada, estudiaba, trabajaba, ejercitaba, leía libros de crecimiento personal, cuidaba a mis hermanos menores, iba a la iglesia, la cual se convirtió en mi refugio y a veces hasta me daba tiempo para hacer trabajo voluntario.

Me gradué de bachiller y gracias a mis buenas notas se me abrieron las puertas en las mejores universidades del país.

Terminé graduándome de biólogo en la universidad Simón Bolívar, aunque hubiera preferido seguir una carrera humanista, ya que me encantaba trabajar con la gente. Pero para mi mamá, esa no era una opción y yo decidí complacerla.

Una bendición se impone al dolor

Hay muchas cosas en las que mi mamá podría haber estado equivocada, pero en lo que sí tuvo razón es en que aquel joven de quien me enamoré cuando estaba estudiando en la universidad, no me convenía. Me maltrataba con palabras y golpes, pero yo, hambrienta de cariño, me aguantaba porque a veces decía que me amaba y yo necesitaba creerlo. Estuve un tiempo con él, hasta que me dejó y empecé a salir con otro. Era evidente que cuando se trataba de amor, no tenía mucho criterio, ni era nada selectiva, necesitaba querer y sentirme querida. De este segundo muchacho salí embarazada y allí sí, se me complicó la vida.

Mi mamá había aceptado que me fuera de la casa, después de todo ya era mayor de edad y estaba en la universidad, ahora, que me convirtiera en madre soltera era algo socialmente inaceptable para ella, así que me propuso un trato: "Si abortas, puedes volver con nosotros, si decides tenerlo, por acá no podrás volver. ¿Qué dirían los demás?". Yo no vivía en mi casa, pero con frecuencia visitaba a mis hermanos y a mi abuela, a quienes extrañaba y amaba con locura.

Qué situación tan difícil me tocó enfrentar. Qué pensaría mi familia, mis amigas, además, cómo manejar mis creencias religiosas, que señalaban que abortar era un crimen. Pero al mismo tiempo pensaba que no podía tenerlo, no podría sobrevivir sin el apoyo de una pareja, sin casa, sin recursos.

Recuerdo que, aunque tenía muchas amigas de la escuela secundaria, a quienes conocía desde la infancia, me costaba recurrir a ellas para contarles lo que me estaba pasando. Pertenecíamos a un estatus social en donde las niñas salían de su hogar casadas, yo estaba sola y embarazada, era una vergüenza a quien ni su propia madre aceptaba.

En medio de tanto drama y sintiéndome completamente sola, decidí abrirme a una amiga de la infancia, quien, por cierto, añoraba tener un bebe y por más intentos que hacía, no se le daba. Le conté mi situación, empezó a llorar y me dijo: "La vida es muy injusta, yo llevo años intentando tener un hijo y no puedo, tú, saliste embarazada y me dices que estás pensando en la posibilidad de no tenerlo ¿Sabes?, yo te voy a ayudar, no puedes rechazar esta bendición, juntas vamos a criarlo". De eso hace ya 32 años, esta amiga es la madrina de mi hija, y es mi hermana del alma.

Te perdono, ¿me perdonas?

Mi hija tenía cinco años cuando a mi mamá le diagnosticaron cáncer de pulmón con metástasis en los huesos.

No nos daban muchas esperanzas. Se volvió débil, frágil, me necesitaba y yo ávida de cariño y respuestas, no quería separarme de ella.

Dejé el trabajo en la universidad provisionalmente en donde había logrado una excelente posición y junto a mis primas y hermanos nos dedicamos a cuidarla. Aprendí que cuando se trata de la madre no hay orgullo que valga, es un vínculo que no se rompe nunca y la vida me estaba dando la oportunidad de entenderla y perdonar su desamor. Yo la amaba, la quería cerca. Le pedí a Dios un milagro, pensaba que luchando juntas venceríamos la enfermedad y volveríamos a empezar.

Al final de sus días ya no pudo hablar, me miraba fijamente a los ojos y se le salían las lágrimas, se estaba yendo, estábamos más cerca que nunca, pero ya era demasiado tarde. Quiero creer que en su agonía me pidió perdón, yo lo sentí y la perdoné.

Ahora ya saben de dónde vengo y lo que me tocó vivir. Necesitaba contar esta parte de mi historia para que entendieran, la situación de inestabilidad emocional con la que me tocó vivir, y el trabajo que he tenido que hacer para lograr una vida plena y sana.

Lo primero era perdonar, sanar las heridas, romper la cadena de resentimientos que existía en mi familia. Luego de perdonar tenía que encontrar la manera de llenar mis vacíos emocionales y trabajar las historias de abandono y pérdida que habían marcado mi existencia.

Me propuse ser diferente, ver lo positivo, no sólo por mí y por mi hija, sino por todos los que me rodeaban. Por fin estaba lista, contaba con las herramientas para encontrar al hombre de mi vida, al padre de mi segundo hijo y con quien, hasta hoy, gracias a Dios, he construido un hogar y una vida plena y de servicio.

Hogar dulce hogar

Creo que uno de los objetivos en mi vida ha sido siempre tener una familia y encontrar un espacio al que llamar hogar. A mi esposo, uno de los grandes pilares de mi vida, lo conocí poco después de tener a mi hija mientras estudiaba en la universidad Simón Bolívar, lugar al que consideraba mi hogar. Recuerdo que estaba por graduarme y trabajaba en el departamento de biología de la universidad. Mi trabajo de investigación me abrió muchas puertas en el campo laboral, pero mi niña me necesitaba, y aunque trabajaba a medio tiempo, mi prioridad era ser mamá y construir esa familia que tanto anhelaba.

Nos casamos y nos mudamos a un pequeño apartamento en Puente Hierro, cerca del centro de Caracas. Nació mi segundo hijo y al morir mi mamá decidimos irnos a Puerto Ordaz. Montamos un negocio de alquiler de videos que nos permitía producir y atender a los niños. Allí los teníamos dando carreras, comiendo chucherías y viendo películas infantiles, mientras nosotros atendíamos a la clientela que nos visitaba en el local.

Cuando el ambiente familiar se puso un poco tenso encontré una buena excusa para regresar a la casa materna, mis hermanos todavía adolescentes me necesitaban y yo moría por estar con ellos. Allí estuvimos compartiendo por cuatro años hasta que se vendió la casa y mi esposo y yo pudimos comprar la nuestra en la Urbanización de Nueva Casarapa en Guarenas, por primera vez me sentí segura y tenía un hogar.

Un trabajo comunitario serio

Me encantaba mi vivienda nueva en Guarenas con su bella laguna que me recordaba a mi universidad. En aquel lugar de más de 1000 mil personas, me propuse construir una comunidad sólida.

Con el tiempo creamos la asociación de vecinos, en el área donde vivía. Escribía en el periódico local y era directora de cultura de una organización sin fines de lucro.

Queríamos unir a la familia promoviendo actividades culturales: La Cruz de Mayo, los nacimientos vivientes, los carnavales con su reina y sus carrozas, fueron algunos de esos eventos que le dieron prestigio a nuestro vecindario.

Después organicé planes vacacionales. Me encantaba trabajar cerca de mi casa sin tener que dejar a mis hijos y me fascinaba regalar ilusiones y momentos mágicos a los niños con los que trabajaba. La risa y el disfrute de los niños me llenaban el alma.

Gracias a mis relaciones me ofrecieron vender viviendas y me convertí en asesor inmobiliario de Century 21. Vendí tantas casas que mis compañeros me pedían el secreto, la verdad es que no había secreto, me conectaba con las personas y sus necesidades.

En Guarenas aprendí a trabajar con gente de diferentes estratos sociales y tendencias políticas. La mayoría idolatraba a Chávez, su populismo y carisma hizo que sus seguidores se convirtieran en verdaderos fanáticos, especialmente durante los primeros años de su gobierno. Donde yo vivía, más del 90 por ciento de la población era chavista, yo no.

Al principio lo disimulaba, imagínense trabajaba con la directora de cultura del régimen, me encantaba el trabajo comunitario porque me permitía implementar programas que beneficiaban a las familias, pero cada vez era más difícil lidiar con el fanatismo socialista.

Ya para el 2007, Venezuela tenía serios problemas sociales y económicos, escaseaban los productos de la cesta básica, no había leche, tampoco papel toilette y la gasolina también comenzaba a faltar. Fue entonces cuando nuestro plan de cambio que veníamos preparando desde hacía unos años, se convirtió en realidad, ahora sí estábamos listos para salir de Venezuela.

Destino final: Massachusetts

Nunca me gustó Chávez y cuando empezamos a ver que la situación política era cada vez más crítica, con controles en los medios de comunicación, expropiaciones de tierras y cierres de empresas privadas, consideramos que necesitábamos un plan con mejores opciones educativas para nuestros hijos.

Nos gustaba Australia, pero como yo había nacido en los Estados Unidos pensamos que lo mejor era buscar la visa americana para mi familia. Nos asesoramos, abrimos una cuenta en USA y cuando le dieron la visa a mi esposo y a mis hijos, nos vinimos.

Después de mucho investigar y asesorarnos, escogimos Texas, un estado amigable para los latinos y solvente económicamente, además en Katy, la zona que seleccionamos tenía un buen distrito escolar, lo que facilitaría la adaptación de los muchachos.

Mi esposo nos ayudó a instalarnos en nuestro nuevo hogar, pero como era programador de sistemas financieros, cuando en Venezuela se producía la reconversión monetaria, tenía compromisos laborales y se regresó. De allí, mi esposo continuó trabajando en la República Dominicana para mantenernos en los Estados Unidos mientras resolvíamos como gestionar el estatus legal de nuestra familia.

Me quedé sola con los niños y confieso que esos primeros meses han sido el reto más difícil desde que nos vinimos. Era una tortura no poder ayudar a mis hijos en la escuela como hubiera querido porque no entendía ni me podía comunicar en inglés. Al regresar mi esposo de la República Dominicana, contratamos los servicios de una abogada de inmigración en Texas quien nos estafó. Parte de nuestros ahorros que con tanto esfuerzo habíamos labrado, se desvanecieron en las manos de la abogada quién no hizo nada y dejó fuera de estatus legal a todos los miembros de mi familia. Fueron $ 10,000 que entregamos con tanta ilusión. Con el estrés también perdí un hijo que estaba gestando.

Tuve que volver a estudiar, no sólo para aprender el idioma sino para conocer la cultura de este país en el que ya vivíamos. Me paraba a las 4 de la mañana solo para ver la televisión en inglés, tomé cursos intensivos de inglés, historia y filosofía en el College.

En Texas nos quedamos tres años, luego nos fuimos a Maryland buscando la estabilidad familiar y económica para mi pareja, mientras yo me formaba y adquiría las herramientas que me permitirían crecer en el área educativa.

De Maryland seguimos a Connecticut donde mi esposo encontró una excelente oportunidad profesional, nos quedamos tres años, hasta que los hijos se fueron a la universidad en el estado de Massachusetts y nosotros detrás de ellos.

Massachusetts nos abrió las puertas a todos, mis hijos lograron egresar de instituciones de educación superior, yo terminé mi postgrado en educación y conseguí trabajo en una escuela. En cuanto a mi esposo, finalmente encontró la posición que deseaba en una empresa financieramente estable, así, con mis hijos graduados de la universidad y las herramientas de trabajo aseguradas, podía ocuparme de mis planes personales: abrir mi propia escuela.

Estudié y saqué mi certificación para ser directora y abrir una escuela. Pero mientras trabajaba en cristalizar esta opción comenzaba a conectarme con la comunidad venezolana que hacía vida en el estado. Descubrí que en Massachusetts no había una asociación venezolana que pudiera integrar a la comunidad para dar respuestas y satisfacer las necesidades de ésta.

Adicionalmente, la situación en Venezuela se hacía más compleja y la necesidad de asistir humanitariamente era inminente. No podía dejar de pensar en mi país, Venezuela. Mis planes personales podían esperar. Era el momento de ofrecer mi experiencia y fundar la Asociación de Venezolanos en Massachusetts. Así que tenía que decidir entre fundar una escuela o una asociación comunitaria venezolana. Escogí la segunda opción.

Juntos para crecer y servir

Desde que era adolescente en la secundaria y luego en la universidad me encantaba organizar y servir de manera voluntaria. Ya en la universidad Simón Bolívar, siendo líder de los asistentes administrativos, logré conseguir muchas mejoras salariales para todos. Me encantaba integrar y conectarme con las personas, pero no fue sino hasta que me mudé a Guarenas, cuando consolidé mis bases familiares, que me di cuenta de que no sólo disfrutaba sirviendo, sino que tenía la capacidad para organizar e integrar a la gente.

Desde mi llegada a los Estados Unidos y mi paso por 5 estados diferentes no había conocido ninguna organización, en donde Venezuela, su cultura y los ciudadanos de nuestro país fueran el tema central.

La crisis social, política y económica en nuestro país cada vez era más aguda, sentía que debíamos unirnos para ayudar a nuestros hermanos que resistían en Venezuela y a los que estaban llegando en forma masiva.

Las protestas en Venezuela cada vez eran más seguidas y sangrientas. Escuchábamos historias terribles acerca de la represión que ya no se mostraban en los medios. Un día, mi hijo publicó un video en YouTube que se hizo viral, luego otro.

La gente nos enviaba fotos que daban testimonio de la crisis en la que se encontraba el país. Sin querer con sus publicaciones y seguidores, criticando sin censura al gobierno, nos convertimos a través de las redes, en una resistencia molestosa desde el exterior. Empezaron a llegar amenazas mientras crecía mi rabia y frustración. Venezuela me dolía demasiado, pero tenía que buscar otra manera más efectiva para ayudar.

La represión y las matanzas contra estudiantes se convirtieron en noticias internacionales y durante una marcha organizada por un grupo de jóvenes venezolanos en Boston, conocí a varios líderes y comencé a trabajar con ellos por mi comunidad. A partir de allí empecé a soñar con la idea de fundar una asociación para los venezolanos en Massachusetts.

Estaba muy consciente de la compleja crisis humanitaria que había en Venezuela y quería ayudar, pero mi visión iba más allá, soñaba con crear una organización comunitaria que además de enviar recursos hacia nuestro país, representara a los venezolanos en el Estado y respondiera a sus necesidades.

Así que, con muchos esfuerzos, empecé a preguntar, a indagar, a reunirme, a proponer la idea de fundar una asociación para los venezolanos. Ya éramos cinco personas interesadas en formar la junta directiva de esta asociación.

Necesitábamos un presidente, un tesorero y un secretario. Redactamos los estatutos y registramos la asociación. Nos organizamos y creamos: The Venezuelan Association of Massachusetts.

Dar información y facilitar la adaptación de los que estaban llegando, promover nuestra cultura e integrarnos como comunidad. Queríamos hacerlo todo, pero la necesidad en nuestro país era tal, que nuestros esfuerzos, al principio, estuvieron dirigidos a enviar ayuda humanitaria a Venezuela.

Comencé creando el comité de ayuda humanitaria para integrar las fortalezas de un gran equipo multidisciplinario. Para encontrar recursos hay que crear confianza, esa fue una de las metas que nos propusimos, buscar un camino claro y confiable para que los recursos llegaran. Tuvimos que ingeniárnosla para garantizar el envío de la ayuda. Lo hicimos a través del servicio puerta a puerta, que nos aseguraba que las entregas llegarían directo a los hospitales, no controlados por el gobierno y a otras organizaciones que les entregaban la asistencia directamente a las personas que más lo necesitaban.

Trabajamos con las iglesias, fundaciones, hospitales, clínicas y voluntarios de varios estados para asistirlos en sus necesidades. Incluso creamos un registro de las familias más pobres a quienes se les entregaba una caja, "la cajita de la esperanza" que contenía 48 artículos de primera necesidad.

Para mí la dignidad era muy importante y aunque no conocíamos a los recipientes personalmente, eran nuestros hermanos y los tratábamos con respeto. Si iban a recibir ropa o zapatos tenían que estar en perfecto estado, lo mismo con los juguetes, sólo enviamos juguetes nuevos. Nunca enviamos comida, bebidas nutricionales, medicinas ni insumos médicos expirados.

En cuatro años y medio, gracias a nuestros esfuerzos y a la red de voluntarios en Venezuela, pudimos llevar ayuda, esperanza y alegría a más 18 estados, hasta las zonas más aisladas y remotas del país. Incluso, durante la pandemia, no paramos, a muchos les daba miedo reunirse, nosotros seguimos, porque decíamos, Venezuela nos necesita ahora más que nunca.

Como no teníamos oficinas, ni centros de acopio, mi casa se convirtió en el depósito de todos los donativos. Fueron tiempos muy difíciles, llegaban las ayudas, se hacía inventario, armábamos las cajas para ser distribuidas, todo en la sala, en la cocina, en el patio y en el garaje de mi casa. Afortunadamente, contaba con el respaldo de mi esposo que nunca puso una mala cara a pesar de tener la casa invadida.

Contábamos con más de 100 voluntarios, pero siempre venían los mismos, cinco o siete. La gente nos ofrecía el tiempo que podía. Yo era maestra a tiempo completo y al llegar a mi casa comenzaba mi segunda jornada para la asociación.

Mis horas de sueño se redujeron a cuatro o cinco. Era la única forma que tenía de lograr coordinar toda la ayuda. No tenía tiempo para recuperarme de la faena de ser maestra. Sabía que mi comunidad me necesitaba y el compromiso que sentía por ayudar a mi gente no se quebrantaba.

La ayuda de mi esposo y mis hijos no faltaba, pero llegó un momento en que todos en mi familia ya estaban obstinados. No querían ni llegar a la casa, porque siempre había gente trabajando. Mi marido tampoco paraba, él, además de ser nuestro asesor financiero, era quien cocinaba para los voluntarios, así que poco a poco se produjo un desgaste general en mi familia.

Entendía muy bien que los primeros años en cualquier empresa o negocio requieren de mucha dedicación. Con una visión clara logré persuadir a mi familia muchas veces, quienes al final entendían mis ganas de ayudar y me seguían apoyando. Lo más importante, es que ya habíamos sembrado la confianza necesaria e inspirado a muchos a entender que en la unión estaba la fuerza.

Unidos podemos hacer la diferencia

En los dos años que duró la pandemia nos fortalecimos como asociación. Me tocó asumir grandes retos. Entendí que debíamos adaptarnos a las necesidades del momento usando la tecnología como una gran herramienta para integrarnos.

Ejemplos de ello fue el concierto de la hispanidad que se transmitió vía internet. A través de la cultura se creó una gran camaradería no sólo entre nuestra gente de Massachusetts, sino entre algunas de las organizaciones venezolanas que existían en los Estados Unidos. Hasta Leda Santodomingo participó como moderadora en este hermoso proyecto. Fue una experiencia hermosa cuando aún en los momentos más difíciles, pudimos difundir todos unidos nuestros talentos y nuestros valores.

En tiempos de pandemia logramos coordinar reuniones importantes con senadores y representantes del estado de Massachusetts y otros estados para hablar de nuestras necesidades. De esta experiencia, recuerdo muchas que me ayudaron a reafirmar que el enfoque, la organización y la disciplina son esenciales para generar los resultados esperados.

En una reunión con el Senador Durbin de Illinois, quién era el Presidente del Comité de Justicia del Senado de los Estados Unidos, invitación que me hiciera Ana Gil García, pude exponerle al senador directamente mi inquietud sobre las diferencias entre las dos propuestas de ley del Estatus de Protección Temporal (TPS) para Venezuela que estaban en el senado de los Estados Unidos en ese momento.

Inicialmente durante la reunión, él había expuesto que apoyaría la propuesta del TPS para Venezuela patrocinada por el senador Bob Menéndez.

Pero después de mi breve participación, el senador me dijo delante de todos, ¿"Eres estudiante de ciencias políticas? Veo que estás muy clara de ambas propuestas y tienes mucha razón en lo que planteas. Me acabas de convencer." No caía de la emoción al escuchar sus palabras.

Mi sorpresa fue aún mayor cuando escuché su discurso en la cámara del senado días después. Estaba engavetando la propuesta del senador Bob Menéndez y estaba proponiendo que se apoyara la otra propuesta del TPS para Venezuela que apenas llegaba de la Casa de Representantes ya aprobada. Estaba dando los mismos argumentos que yo le había expuesto en la reunión. Ese día entendí que estar focalizada y tener una visión clara de cómo conseguir las cosas es fundamental. Lamentablemente, esa propuesta no pasó en ese momento. Pero lo intentamos y eso es lo importante.

Después al cambiar el gobierno en los Estados Unidos, volvimos a solicitar el TPS con la ayuda de otras organizaciones venezolanas. Cada una hizo su trabajo localmente. Y nos unimos nacionalmente. El trabajo en equipo nos condujo al éxito. El TPS nos fue otorgado el 9 de marzo del 2021.

Para comienzos de ese mismo año en momentos de pandemia, cuando la gente tenía mucho miedo de reunirse personalmente, la Asociación gracias a la tecnología, coordinó la 1ra clínica legal online hecha con la integración de abogados, organizaciones migratorias locales y voluntarios.

Para comienzos del 2021 el objetivo de tener a más de 50 personas en una clínica legal online para llenar las aplicaciones del TPS representaba un verdadero reto de adaptación tecnológica y un reto de coordinación que había que asumir. Sabía que tenía que poner un gran esfuerzo intelectual y creativo en tiempo récord para poder organizar, integrar y coordinar un trabajo en equipo que representaría la ayuda legal a cientos de familias venezolanas para poder aplicar por el TPS de manera gratuita. En esta cruzada, me acompañaron muchas personas. ¡Y nuevamente la visión y la disciplina generaron sus frutos!

Las clínicas del TPS incentivaban a las personas a que aprendieran y fueran multiplicadores, ayudando a otros a hacer su aplicación. Así juntos construimos comunidad, apoyándonos e integrándonos, logramos crear un sentido de familia. Fueron 8 meses de trabajo arduo y con el esfuerzo de todos logramos cambiarles la vida a muchos venezolanos. ¡Quedé completamente exhausta de esta experiencia, pero bien valía la pena!

Pasó la pandemia y en el 2022, durante la celebración del 5 de Julio, me propuse coordinar el Primer Festival Cultural Venezolano en Massachusetts. Para mí, la cultura es lo que verdaderamente une a las personas. Había que hacer este esfuerzo una vez más en tiempo récord. Trajimos a los tambores de San Juan, se presentaron músicos locales y se exhibió con orgullo nuestro folklore, nuestra comida y nuestro arte. Fue una gran fiesta cultural, con una gran organización y un trabajo en equipo en donde pudimos celebrar lo que somos en un país que no es el nuestro.

Finalizamos el 2022 con la unión de todas las organizaciones venezolanas en los Estados Unidos para solicitar el Parole Humanitario. El trabajo en equipo y la disciplina volvieron a rendir frutos. Y nuevamente lo logramos todas juntas.

Nuevos migrantes: nuevos retos

Algo interesante que quiero compartir es que para servir hay que conocer las necesidades de nuestra gente y eso solo se logra escuchando, saliendo a la calle, viendo lo que ocurre con nuestros paisanos. Al mismo tiempo abrir canales de comunicación, darnos a conocer, para que los de aquí entiendan quienes somos los venezolanos y porque reaccionamos como lo hacemos.

Recibimos una masiva inmigración que desbordó nuestra capacidad de ayuda como asociación. Este gran flujo de inmigrantes venezolanos que atravesaban el Darién y llegaban a través de la frontera sur a los Estados Unidos fue una realidad que no logramos anticipar y que nos sorprendió a todos.

En mi historia personal con los nuevos migrantes conocí de primera mano a más de 250 familias. La parte más difícil del trabajo con los migrantes para mí fue escuchar sus historias. Vienen cargados de mucho dolor y muchas necesidades. Unas historias son más duras que otras. El camino para llegar a los Estados Unidos en su mayoría está lleno de durísimas pruebas que han quedado marcadas en sus almas.

Conocí a muchos que venían cargados de esperanzas porque se acostumbraron a escuchar las noticias publicadas en las redes sociales sin verificar de dónde venía la noticia, a configurar su propia verdad y decidir creer lo que les convenía.

Nos era sumamente difícil hacerles entender la verdad y que la pudieran digerir. Muchos se sentían engañados y con lágrimas en los ojos me decían que si hubieran sabido cómo era la realidad acá en los Estados Unidos, no se hubieran venido. Así, con una medio verdad vi llegar a miles de compatriotas buscando quedarse para conseguir el sueño americano. Son tantas las historias que me gustaría contar, pero por respeto a ellos no puedo. Me tocó llorar con muchos y asistir a cientos. Llegué a dormir en un hospital y ver nacer a una niña que sería la esperanza y la alegría de una nueva migrante que llegaba sola y sin recursos. Lograba conectarme con sus historias y buscaba ayudarlos.

Nos unimos a otras organizaciones venezolanas para comenzar a educar e informar sobre el recorrido por el Darién y los demás países para llegar a los Estados Unidos. Nos tocó conversar con líderes de otras naciones para conocer lo que estaba aconteciendo con los venezolanos en su tránsito por esos países e informar sobre las realidades a las que se podrían enfrentar.

Hicimos lo posible por informar y en esto estuvimos juntas Nerlitt desde Florida, Ana desde Illinois, Mayra desde Utah y mi persona desde Massachusetts. Juntas recorrimos este camino por varios meses para informar y educar a nuestra gente. ¡Pero seguían llegando cientos sin recursos!

Este fenómeno social producto de la desinformación había que explicárselo a los ciudadanos estadounidenses en general, a quienes les tomó por sorpresa y no entendían porque ese enorme flujo migratorio de ciudadanos provenientes de Venezuela empezó a venir para acá. Preparamos presentaciones, presentamos testimonios y tratamos de explicar lo que estaba sucediendo. El desgaste fue inmenso.

Tuve que coordinar reuniones, atender a los cientos que llegaban y organizar una red de voluntarios para ayudarlos con sus necesidades. Mantenerlos informados y estrechar las barreras culturales para que pudieran integrarse a la comunidad era una necesidad. Los ayudamos a gestionar lo básico: tratar de buscarles un techo, comida, ropa y un teléfono dentro de las posibilidades. Los guiamos para que consiguieran trabajo y los referimos para que los atendieran legalmente. Les entregaba una guía al migrante que logré hacer como pude. Una vez más nos volvimos a adaptar a los retos que se nos presentaban.

La asociación tenía otros programas que teníamos que atender. Poco a poco, mis horas de sueño se fueron reduciendo aún más.

No podía dejar solos a tantos hermanos que llegaban con tantas necesidades porque para ellos regresar a Venezuela no era una opción viable. Me sentía bendecida de saber que contaba con unos compañeros en la junta directiva y en la Asociación que sentían la misma necesidad de ayudar y asistir. Pero éramos muy pocos los que ayudábamos. No todos se sentían motivados a ayudar.

Llegan sin nada, traen hambre de todo y la carga de dolor es demasiado pesada. Nos hemos convertido en super héroes humanitarios, nos ha tocado ser pacientes, compasivos, terapeutas para seguir siendo hermanos en el exilio, pero somos humanos y hemos rebasado nuestros propios límites.

Me partía el alma escuchar a algunas mujeres hablar de los abusos sexuales a los que fueron sometidas. Muchos me compartieron su dolor al contarme sobre los muertos que dejaron en el camino. En mi recorrido por el estado para conocer a estos hermanos que llegaban sin recursos, conocí a niños que llegaban con desnutrición. Muchos hermanos llegaban enfermos y con infecciones de piel. Todo lo documentaba para no perder ningún detalle, pero mi cansancio era palpable.

Nos llamaban de todas partes. No podíamos escucharlos ni asistirlos a todos. Así que teníamos que asegurarnos que otras organizaciones que trabajaban con los migrantes en el estado entendieran la dimensión del problema y nos ayudaran.

Debo y Tengo vs Quiero y Deseo

Hace unos días cuando llegaba extenuada de uno de los múltiples compromisos de la asociación, le comentaba a mi hija, que "tenía" que hacer una actividad y que después "debía" asistir a otro compromiso. Mi hija me interrumpió y me dijo: "Mamá, cada vez escucho más la palabra tengo o debo. Pareciera que tus actividades con la comunidad se han convertido en una obligación. Ya ni siquiera dispones de tiempo para compartir con tu familia y amigos como lo hacías años atrás, ni tampoco tienes tiempo para jugar tenis, lo que era siempre tu mayor pasión". Mi hija seguía con su reflexión, "Te has preguntado últimamente: ¿Cuándo fue la última vez que fuiste al médico a chequear tu salud? ¿Hace cuanto leíste un libro? Mamá: ¿Estás obligada a ir a ese compromiso o realmente quisieras hacer algo diferente? No creo que quieras vivir en un constante correcorre como si siempre estuvieras en emergencia. Eso no es vida".

Sus preguntas se quedaron resonando en mi mente por días. Sin duda, ahora me encontraba cuestionándome. Ciertamente el trabajo comunitario que era un placer y me daba satisfacción, había sobrepasado mis límites y no me daba cuenta.

Había descuidado mi salud mental y física, había abandonado a los míos, pero por sobre todas las cosas me había abandonado a mí misma por complacer a otros. ¿Eso era lo que yo quería para mí?

Siempre había escuchado que un líder tiene que cuidar su estabilidad emocional y que no puede ayudar a otros si no atiende sus propias necesidades primero. Esta gran verdad me estaba taladrando el alma por experiencia propia. Ese constante deseo de ayudar, de dar, de sobrepasar hasta mi propia capacidad de aguante.

Reconozco que como líder comunitaria logré conectarme emocionalmente con los demás identificando sus problemas y necesidades con tal pasión que llegué a olvidarme de mí misma. Vi concretarse muchas de mis visiones con el tiempo. Vi crecer a muchas personas a las que pude ayudar y darles una mano. Pero descuidé mi propia estabilidad emocional, física y mental, así como la de mi familia. Así que era el momento de hacer una pequeña pausa. ¡Ahora tenía que ayudarme a mí misma!

El servicio comunitario que he desempeñado y he liderado desde la asociación en Massachusetts ha sido altruista, voluntario y gratuito con un elevado compromiso de servir a otros. Siento que he cumplido con mi propósito de vida en la asociación. Me siento feliz de dejar ese gran legado y que haya sido una referencia para muchos y una inspiración para otros. Aprovecho la oportunidad de dar las gracias a cada una de las personas que me han acompañado en este viaje de servir a los demás. Hemos crecido y aprendido juntos.

Como líder reconozco que este es el momento oportuno y perfecto para entregar el testigo a un nuevo liderazgo que permita una renovación de ideas y que siga promoviendo el verdadero trabajo en equipo. Quisiera dejar como referencia y ejemplo este camino de servir a otros, pero quiero que mi experiencia les haga reflexionar en que siempre deben mantener un balance que les permita ayudar a otros sin descuidar su vida personal.

Reconozco que el desafío en nuestra comunidad es inmenso porque debemos integrar voluntades para trabajar en equipo y muchas veces he visto que se confunden los egos con la verdadera necesidad de servir.

Siento que entro fortalecida a una nueva etapa de crecimiento personal en mi vida. La vida nos lleva por un camino que puede estar lleno de flores u obstáculos. La actitud positiva que asumimos ante la adversidad determina el cambio que queremos ver en nuestras propias vidas. Y ese cambio se refleja en nuestro entorno e impacta positivamente a nuestra comunidad. La decisión está en nosotros. ¡El sol siempre brilla para todos! La vida es una oportunidad para crecer, aprender y agradecer.
Gracias.

MAYRA SULBARAN

"Pedir la bendición es parte de la cultura."

Desde que nos levantamos hasta que nos acostamos, manifestamos lo que somos, el venezolano pide la bendición y con eso expresa lo que es: Amor, humildad, respeto por esa persona que le bendice para comenzar o concluir su día. La bendición es parte de nuestra cultura por eso hoy cuando decido hablarte de lo que soy, me atrevo a pedirte la bendición y a bendecirte por este tiempo que me regalas y vamos a compartir.

Vengo de un hogar en donde no había mucho, y, aun así, se compartía todo, hasta en los momentos más duros mi abuela decía: "Siempre hay algo para dar". Fui la única hija hembra en una familia disfuncional.

Mi madre es una mujer humilde, trabajadora, de palabra concisa, valiente, soltera y muy honesta. Mi papá era sabio, astuto, trabajador y machista hasta donde pudo, porque su hija le sacó canas verdes. Trabajó desde los 5 años para zafarse de la pobreza en aquella lánguida Guajira en la Laguna de Sinamaica; en donde, por cierto, nace el nombre de Venezuela. Logró tener siete estaciones de servicio en Venezuela y una en los Estados Unidos. Se jactaba de ser el único en tener su propia Plaza Bolívar, amaba tanto a Bolívar que le construyó una plaza en una de sus estaciones y en su casa tenía el Salón Bolívar.

Nos quisimos mucho y aunque no dormía en casa lo tuve siempre cerca. Además, me regaló siete hermanos, quienes me acompañaron en mi niñez y adolescencia. Luchó incluso en contra de lo que le convenía para mantenernos unidos como familia.

Pude convivir en largas ocasiones con mis abuelos en donde había respeto, alegría y amor. Mi familia materna vivía en una casita de bahareque, en un pueblo de Carora, en donde se ordeñaban las cabras. En casa de los abuelos, se ponía la mesa para sentarse a comer con arepita pela' y leche de cabra y por supuesto una "tapara de suero".

Guardo olores memorables de mi niñez, de ese pueblito llamado San Francisco, en donde llegué a ser la reina de una Feria Caprina en el marco de la Fiesta del Retorno, una fiesta que se hace cada 30 años en este pueblo... Un cuento jocoso y maravilloso de mis 15 años.

Los domingos, los adultos jugaban dominó y al finalizar la tarde no faltaba un cuatro o una guitarra para que cantara el que quisiera. Entre los visitantes aparecía Alirio Diaz quien era amigo y vecino del pueblo cercano.

El abuelo era un hombre correcto a quien se le respetaba por su don de gente y su generosidad, mis abuelos regalaban comida, aunque no les sobrara. En casa de mi abuela no faltaba nunca una olla con algo en el fogón de leña.

Te hablo de mi infancia porque esas fueron mis bases. Me formé con valores, libre, llena de amor y de respeto, siempre rodeada de primos que construían sus juguetes con lo que encontraban y cuando volvíamos a casa, llegábamos llenitos de tierra, alegres y olorosos a sol.

Fui hija única, y aunque mi papá tenía sus 7 varones, decía que yo era la que tenía "las bolas". Me da pena contar esto, porque considero que mis hermanos son hombres ejemplares, es más, superaron al gran maestro; mi padre. Recuerdo, que cuando el comentario venía de papá todos nos reíamos, conocíamos su nivel de imprudencia y por eso no lo tomábamos en serio. Aunque, a decir verdad, para mí era importante que aquel hombre, a quien admiraba y amaba, reconociera mis fortalezas. Si, era fuerte, soy fuerte, aunque sin querer arrastré las debilidades de las mujeres de entonces. Me tocó aprender a golpes y ganarme el puesto de mujer a sabiendas que era diferente.

Golpes que paralizan

El compromiso que yo misma me había impuesto de ser excelente mujer y de mostrarle a los demás que a pesar de venir de una familia disfuncional, podía construir familia, tener hijos y además ser exitosa a nivel profesional, me hizo elegir caminos apresurados en mi vida afectiva y eso casi me costó la vida.

Para llenar el vacío y la frustración que consideraba un fracaso, me obsesioné por estudiar. Logré hacer una maestría y luego una especialización. Trabajaba, estudiaba, fumaba cigarrillo y me alimentaba muy mal, a veces dormía en mi oficina, *me volví adicta al trabajo.*

Tenía 23 años cuando me paralicé. Sufrí un golpe emocional que me paralizó. Nunca me sentí triste o deprimida, sencillamente me mantenía ocupada, excesivamente ocupada. Entonces tuve un accidente cerebro vascular (ACV).

La vida nos pone trampas, obstáculos, yo prefiero llamarlas tareas. En este caso, la tarea era parar, detener la furia que me impulsaba a querer más, a hacer más, a obtener más títulos. Tuve que hacer un alto obligado, analizarme y dejar que la vida y mis ángeles terrenales me permitieran volver a empezar.

Casi un año estuve con la mitad del cuerpo paralizado. Mi mamá se mudó conmigo y gracias a sus cuidados y a las terapias, me recuperé.

Empecé a disfrutar de mis amigos, de mi soledad, y de mi libertad. Se me presentó la posibilidad de viajar a Madrid a hacer una especialización. Hice dos y me gané una beca que me pagaba todo. Iban a ser tres meses y me quedé siete.

Buscando ser Madre

Nunca me consideré la más bella, no era necesario. Sentía que era poderosa, me lo hizo saber mi papá desde muy joven: "Mayra tiene bolas". Crecí sabiendo que a los hombres les gustaba mi compañía, comenzando por mis hermanos; además siempre he tenido la dicha de tener mejores amigos. Me siento muy identificada con el ser masculino, aunque soy una gran fémina (risas). Confío en mi seguridad y fuerza interna.

Me convertí en mamá. Mi hijo Sebastián casi muere al nacer, pero Dios me dio una oportunidad traída de una fuerte oración. Sebastián vivió y con él, me convertí en una mujer renovada, mucho más sensible y vibrante; y como no funcionó lo de vivir en pareja, seguí, ahora con un hijo, triunfando y abriéndome espacios.

En eso andaba, sin negociar mi felicidad, cuando de pronto empecé a notar que Jonathan Acosta, mi amigo, mi confidente y con quien mantenía una sociedad en un despacho jurídico por casi diez años, empezó a celarme.

Estuve confundida, había muchas cosas en contra, pero Jonathan con su energía única y paciente, logró un gran espacio en mi corazón, algo que nadie había logrado, ahora era de él.

Todo ocurrió muy rápido, debo admitir que aún admiro su forma sagaz de lograrlo. Nunca imaginé que algo así podía pasarme con él, pero pasó. Éramos realmente amigos, confidentes, socios.

Un día organizó un viaje a Margarita, al que invitó a sus dos madres, sus tíos y primos y yo ni corta ni perezosa invité a los míos. Jonathan viene de un hogar muy unido y matriarcal, en donde las decisiones se toman y comparten en familia, pero el rol principal lo tienen las mujeres. Cuando estábamos en el avión, el sobrecargo me entregó un trago y un anillo envuelto en una servilleta donde pude leer: "Quieres pasar el resto de la vida conmigo?". Mi hijo, que para entonces tenía 7 años, observaba en silencio, y de pronto con una alegría desbordante me dijo: "Mamá, por favor dile que sí".

Tuvimos una boda hermosísima, su madre lo entregó sedada, idea de su otra madre "la Toto" (risas). Ellas entregaban a su gran varón, su niño amado y perfecto ¿casándose con la amiga?, pero ellas dignas y perfectas apoyaron su decisión.

Mi madre cruzaba los dedos. Mi padre convaleciente de cáncer no pudo llegar. Pero allí estaban mis hermanos, felices, radiantes y hermosos, llenos de amor.

Además, tuvimos que adelantar la boda porque Aranza no se la quería perder y su madre no quería salir "panzona" en las fotos del matrimonio.

Ánimo Venezuela

Entre las cosas que nos unen a Jonathan y a mi es el amor a Venezuela y el deseo de tener un país y un mundo libre. En mi apartamento tenía costureras que fabricaban chalecos antibalas para los estudiantes. Llegamos a organizar las "guarimbas", acciones de calle, para protestar en Barquisimeto y componía canciones para estimular a la gente a continuar la lucha, a no desanimarse. Así emergió "Ánimo Venezuela.

En esos días los medios de comunicación estaban más censurados que nunca y no había manera de mostrar el sufrimiento del pueblo que hacía largas colas para recibir comida. Fue entonces cuando se nos ocurrió acercarnos y mientras mi esposo cantaba, repartíamos café y grabábamos a la gente. La canción y el café eran una excusa para distraer a la policía y obtener un testimonio visual de la miseria y el hambre que se vivía en Venezuela.

¡Lo logramos! produjimos un video que pusimos en las redes y en minutos se hizo viral dentro y fuera del país. Gracias a esta canción y al video, logramos que mi esposo fuera invitado a abrir el espectáculo del comediante George Harris, en Washington DC. Fue todo un éxito, viajamos y como parte del show también repartimos café entre el público.

Jonathan se lució, y tuvimos la oportunidad de hablar y mostrar el video que denunciaba la crítica situación en que se encontraba Venezuela.

No sé si fue la emoción o el agite de esos días en Washington DC, lo cierto es que terminé en el hospital. La recomendación del médico fue que no me montara en un avión, porque ponía en riesgo mi vida y la del bebé. Tenía seis meses y medio de embarazo.

Al mes de estar en Estados Unidos, murió mi papá. Tenía cáncer y aunque hacíamos milagros para conseguirle los medicamentos, nunca eran suficientes ni los adecuados. Ese es uno de los duelos que me ha costado sanar y la razón por la que apenas nació mi niña, me regresé. No lo pude despedir, ni compartir mi duelo en familia. Hoy en día aun no conozco su tumba y siendo aún más sincera no se si tenga la fuerza de hacerlo.

Me estaba quedando en un sofá en la casa de una amiga de mi bachillerato; Irenmar Morales y para sanar mi dolor y la impotencia de lo que se vivía en mi país, me dediqué a protestar. Todos los días junto a decenas de compatriotas nos plantábamos frente la Organización de Estados Americanos; donde se reunía el Consejo Permanente de la OEA a hacer presión, a exigir que entraran los cascos azules, que no nos dejaran solos.

Recuerdo que uno de esos días bajó la lluvia y ya a punto de dar a luz, el Secretario General **Almagro** me puso la mano en la barriga y me dijo: "Ojalá ella nazca en libertad" y de allí con la ayuda de Rafael Castillo, nació su tercer nombre: **Libertad**.

El 23 de junio del 2017 nació Aranza Elena Libertad. A los meses me regresé. Estaba casada con Venezuela. Nuestra intención como familia no era migrar.

La canción "Ánimo Venezuela", nos abrió las puertas de Estados Unidos, pero nos cerró las de Venezuela. El video lo habían censurado y el gobierno le envió una citación a mi esposo para que explicara el propósito de la canción. Les dijimos que habíamos querido regalarle una serenata a nuestra gente trabajadora, aunque ambos como abogados sabíamos las consecuencias que traería, además había otras canciones compuestas por Jonathan como "Caído Nada" y evidentemente ya nos tenían el ojo puesto. Comencé a sentirme insegura y sentí miedo por mis hijos.

Aranza Elena Libertad, tenía seis meses, cuando me regresé a Venezuela. Nuestra intención nunca había sido vivir en Estados Unidos, sin embargo, atendiendo algunas sugerencias, Jonathan comenzó a tramitar una visa de talento, por si las cosas se complicaban para nosotros.

Ya lo tenían en la mira y para presionar, le dijeron que utilizarían la canción con imágenes de las actividades "positivas" del gobierno. Mi marido nunca la autorizó y eso no nos ayudó para quedarnos en Venezuela, el momento de irnos definitivamente se acercaba.

Ya para el 2018 la situación del país se hace más crítica, hubo elecciones en la Asamblea Nacional (Congreso) que fueron calificadas como fraudulentas.

Aumentaron los arrestos, la represión y los asesinatos contra estudiantes, no había comida, ni medicinas. Temíamos por nuestros hijos era el momento de irnos. Por fortuna, en esos días, llegó la visa de talento que nos amparaba a todos.

Con mucho dolor nos fuimos, ahora sí para quedarnos.

17 días para rescatar nuestra Embajada

Mientras en Venezuela, Juan Guaido, se proclamaba "Presidente encargado", respaldado por la Asamblea, argumentando que la reelección de Maduro en el 2018 había sido un fraude. El gobierno venezolano rompía relaciones con Estados Unidos y ordenaba el cierre de la embajada en Washington DC.

A los meses un grupo de socialistas pagados, miembros de Code Pink, invadieron nuestra sede diplomática, acción que consideramos una provocación, un insulto para la diáspora. Nosotros estábamos llegando y la embajada era nuestra casa, un pedacito del país, por lo tanto, junto a cientos de compatriotas, nos propusimos rescatarla y desde este logro nos autodenominamos "Los centinelas de la Embajada".

Fueron 17 días de protesta y de lucha, allí estuve junto a mi esposo y mis niños, haciendo presión para que el gobierno interviniera. Lo logramos, sacamos a los invasores.

Aquella actividad nos unió como venezolanos, conocí gente maravillosa que me impulsó a hacer más por nuestros valores y nuestra cultura.

Con el rescate de la embajada los venezolanos salimos de la oscuridad. Esto coincidió con la invitación que le hizo la oficina de asuntos latinos de Washington DC a Jonathan, para participar en la actividad cultural latina más grande de la costa este de Estados Unidos el "Desfile de las Naciones", aprovechando esa efusividad que aún estaba viva y sin espera, hicimos la convocatoria. Nos llegó el alma al cuerpo...

Desborde de talentos y pasiones, pero, ... no todo era color de rosas...

El desfile de la avenida Constitución es un evento cultural que se realiza desde hace más 50 años, con el propósito de enaltecer los valores de la cultura hispana, es algo masivo, en el que Venezuela nunca había participado formalmente.

Era indescriptible la alegría que sentíamos de poder estar allí, aquello significaba un rescate emocional de todo lo que éramos y habíamos dejado atrás.

Movida por la emoción, asumí el liderazgo. Mi energía era suficiente para contagiar y reunir de nuevo a todos los que habíamos estado en la embajada, ahora con el propósito de participar en una celebración en donde mostraríamos lo hermoso que somos.

Fue así como empezamos a darle forma a algo único, hermoso y raro. Como mi esposo es músico, se encargó de dirigir esa parte. Conocía algunos talentos que vivían en Washington, a quienes invitamos. Mi casa se convirtió en el centro de producción de ideas. Junto a un grupo de colaboradores, nos organizamos como pudimos y nos dividimos el trabajo en otras locaciones y así hicimos carrozas, banderas, preparamos bailes, había un revuelo bellísimo, que se desbordó en la calle Constitución.

Debo confesar que era nueva en esto de manejar eventos tan grandes y con tantos elementos: la ciudad y sus organizadores, el idioma, el programa, los talentos, los ensayos, los patrocinantes, la logística y por supuesto a mis compatriotas venezolanos.

Todo el mundo quería ser jefe e imponer sus ideas, al final juntos, participamos. No faltaron los aplausos y comentarios positivos, pero también cuestionamientos duros, tanto que terminamos separándonos. Aquello tan lindo que había nacido, se vio afectado por la malicia infundada, el chisme y desde entonces lucho con esa experiencia a cuestas. Siempre digo que gracias a esta experiencia pude ver porque los venezolanos perdimos un país.

Habíamos nacido de la necesidad de promover nuestra grandeza cultural y contábamos con algo maravilloso, el triunfo de haber ganado una gran batalla: el rescate de la embajada, pero no era suficiente para consolidarnos.

Éramos venezolanos con diferencias radicales.

Muchos que tenían independencia económica y legal, con más tiempo en la ciudad, se creían superiores, eran del "cogollito" de Washington DC, marcaban territorio y con la misma sigilosidad, que hoy siguen queriéndolo hacer.

El que no tenía nada continuaba resentido, desconfiado, frustrado y lo peor hablando mal del otro. Nosotros los del medio, nos abríamos paso con las oportunidades que nos brindaba el país, tratando de crear unidad, aportar y crecer, llenos de ilusión y de mucha ingenuidad, no sabíamos que nos debíamos proteger de los que se hacían llamar "nuestros"

Esta fue la primera enseñanza que recibí de mis hermanos inmigrantes, todos queriendo ser "Caciques". Criticamos mucho y no somos tan solidarios como decimos ser. Nuestra solidaridad depende de las conveniencias y muchos, no todos, tienen condiciones. Se desbordaron las pasiones y frustraciones entre el ego y la ignorancia, y, aun así, no pudieron con nuestra pasión para mostrar y sembrar nuestra cultura venezolana en esta área del mundo.

Cuando terminó el desfile nos llamaron arribistas, desorganizados, recién llegados. Como dolía aquel bombardeo de insultos en público y en privado, después de haber trabajado tanto. Estaba decepcionada, quería parar, pero sentía que promover la cultura era mi otro hijo y no lo podía soltar.

Llegó diciembre nos propusimos crear un programa cultural para celebrar nuestras tradiciones, teníamos que trabajar juntos aceptando y conviviendo con nuestras diferencias. Yo quise intentarlo de nuevo con la comunidad.

Hicimos un video donde mi esposo se encargó del audio y la producción general, obviamente de forma gratuita. Por pura mezquindad no lo pusieron en los créditos a pesar de haberlo solicitado específicamente porque lo ayudaría en su proceso legal para la visa permanente, esto terminó de decepcionarnos, incluso se abrieron grupos paralelos para hacer lo mismo que habíamos propuesto hacer juntos; pero como el fin era mayor, continuamos.

Aprendimos, pasamos la página y hoy en día hemos superado las diferencias, con una nueva Casa DC Venezuela, fortalecida y con mucho ánimo de seguir elevando nuestra cultura venezolana y transmitiéndola a nuestros hijos.

Casa DC Venezuela tiene sobre sus hombros el haber hecho visible frente a una comunidad internacional en el área metropolitana de WDC una diáspora naciente. Logrando impactar positivamente desde el año 2019 en términos de integración cultural. En la actualidad agrupa de manera orgánica y directa a más de 3000 Venezolanos en el área y colateralmente se puede estar hablando de haber servido de puente informativo filantrópico a más de 5000 personas.

La misma necesidad y dinámica exigente de esta migración venezolana fue llevando a que Casa DC Venezuela a realizar actividades filantrópicas tanto inmediatas como aquellas coordinadas con fundaciones aliadas, sirviendo de gran ayuda en varios aspectos; tales como: materia de asesoría migratoria entrega de ayudas alimenticias, logística en temas de intereses ciudadano, información y puente para la obtención de empleos. Además de servir de conexión entre academias de arte aliadas para educar a bajo costo a niños venezolanos en el área DMV.

Su admirable empeño para crear vínculos entre los factores de la comunidad partiendo de la exaltación de nuestra costumbre arte y tradiciones le hacen ser una verdadera Casa de la Cultura Venezolana en este país.

Pandemia Fe, y transformación

Cuando haces lo que amas, no hay horarios porque te mueve la pasión y eso te llena de energía. Mientras organizábamos eventos para promover la cultura, trabajaba como voluntaria en la oficina legal que llevaba nuestro caso. Como no puedo ejercer aquí, aprendía y ayudaba a mis compatriotas a buscar el camino para a obtener algún tipo de legalidad en este país.

Soy abogado y además lo mío ha sido siempre la cultura.

Siendo la manager de mi marido y teniéndolo a él como talento musical, empezamos a organizar conciertos: "Emborráchate de Amor "Era uno de los eventos que tendría lugar en febrero del 2020, celebraríamos el día de los enamorados y la amistad. El otro sería en Marzo "Cierra el Mundo" este show lo llevaríamos a varias ciudades, con la ayuda de amigos productores. Llegó la pandemia y cancelamos todo.

Teníamos dinero de la venta de entradas y de los patrocinantes, pero no era nuestro, había que devolverlo. Quedaban 25 dólares en el banco, entré en pánico. En nuestro país contábamos con familia, aquí estábamos solos, sin recursos y aislados.

Me arrodillé y miré al cielo, lloré y pedí ayuda. Mi marido que me recoge cuando me caigo, me dijo: "Tranquila mi amor de esta salimos" eso es la fe, confiar y esperar que surjan los milagros, cuando se te cierra una puerta se abren cien ventanas. El me recordó que Soy una mujer de fe, me tocó confiar y esperar, tomada de su mano.

El COVID era real, estaba matando a la gente, se nos murió un muchacho que iba a pertenecer a nuestro equipo. La verdad es que todo esto era nuevo y asustaba. Jamás habíamos estado sin trabajo y sin dinero.

Como ambos somos coach certificados, acudimos a nuestra resiliencia: vivir el presente y construir con lo que nos pasaba en el ahora. Eso nos fortalecía, cada día nos queríamos más, el mundo se estaba cayendo y nosotros unidos nos hacíamos más fuertes.

Cuando mi esposo bajaba la guardia yo se la subía, disfrutábamos cada minuto en familia, aprendimos a cocinar sabroso con lo que nos regalaban. Así estuvimos los primeros dos meses totalmente encerrados, felices. Comida nunca nos faltó y después con las ayudas, sentimos un alivio y nos dedicamos a aprender y a crear.

Jonathan compuso una canción que dimos a conocer a través de las redes "Amigo Latino Ganémosle al virus".
Como parte de nuestro crecimiento, cuanto curso on line aparecía lo hacíamos, nos hicimos expertos en producción audiovisual online, iluminación, estrategias para publicar, todo este aprendizaje tan valioso lo obtuvimos estando en casa, gracias a la pandemia.

Era impresionante como fluían las ideas. Así nació el concurso de canto latino: "Que cante mi gente". El público participaba con sus talentos desde cualquier parte del mundo. Teníamos un jurado y hasta logramos conseguir apoyo financiero y entregar premios.

La respuesta fue impresionante y como lo que sobraba era tiempo, la gente se conectaba y nos agradecía con mensajes positivos y de estímulo, todos nos necesitábamos.

Con ese soporte emocional también nació el teatro digital en el canal de mi esposo (AcostaCanta), donde creamos la "Butaca hispana", comenzamos invitando artistas a quienes les hacíamos una entrevista en vivo, luego de una extensiva pre- producción.

Ese fue el comienzo que nos permitió producir grandes eventos y conciertos primeros on line y hoy en día presenciales. Por allí hemos tenido a Jorge Glen, Orlando Urdaneta, Horacio González, Daniel Sarcos, Cáceres, Miguel Molly, Karolina con K, Eleazar Mora, Porfi Baloa, el gran Laureano Márquez, Rafael "Pollo" Brito y hasta las NIFU NIFA solo por nombrar a los venezolanos, pero hemos tenido a grandiosos artistas de habla hispana, *tocando el lado más humano del artista.*

De la pandemia salimos más grandes y unidos como familia, ahora me propongo reorganizar nuestra Casa DC Venezuela, que está en proceso de ser reconocida como asociación sin fines de lucro y seguir trabajando con quien desee para enaltecer nuestra alegría desde la cultura y nuestro arte.

Son muchas las personas e instituciones que nos han acompañado en el proceso, especialmente Corali Rodríguez quien ha sido una fiel compañera fundadora y mi actual equipo conformado por Iván Diaz (Director de Teatro) , Luis Patino (Nuestra mano política y actual representante ante la Organización del Desfile de las Naciones) , Carolina Benites y Rachel Laguna (nuestras Reinas de Bellezas) y Silvia Perdomo (Directora de Danzas Venezolanas) ; sin dejar de contar con las ayudas nobles que siempre recibimos de Carla Bustillos, Andreina García, Maira Medina y María Llanos.

Recientemente participé en las primarias como voluntaria. Qué experiencia tan hermosa. Me tocó repartir comida, asistir en la logística.

Donde me necesitaban allí estaba yo. La verdad es que cuando se trata de ayudar a Venezuela no necesito de títulos o cargos.

Allí tuve la oportunidad de conectarme con el amor y la esperanza, recibí tantos abrazos que sentí que éramos una sola persona, con el sentir patriótico de rescatar la democracia.

Lo mismo debo decir de lo honrada que me sentí de haber sido seleccionada para representar en el Congreso de los Estados Unidos a mi país, como activista cultural venezolana radicada en Washington DC.

Este mayo 2024 Recibí a más de 80 compatriotas activistas venezolanos en todos los Estados Unidos y tuve el placer de servirles de Anfitriona acompañada por una Gran mujer del área como lo es Carla Bustillos.

Ambas nos unimos para demostrarles hospitalidad, atención y cariño que nos merecemos. El objetivo era que se sintieran en casa y creo que lo logramos en el marco del Primer Summit of Venezuelan Organization celebrado en este solemne lugar. Que Orgullosa me siento por eso, saber que somos tantos a nivel nacional y que cada día nos organizamos más. Pertenecer a esto, ser llamada hoy en día por congresistas para escucharme, eso me llena de orgullo y además de mucha responsabilidad.

Pido permiso

Siempre hay algo para dar, estas palabras de la abuela hoy resuenan más fuerte dentro de mí. Desde aquella casa de bahareque, mi abuela siempre tenía algo que dar. Con esa idea cada diciembre, mientras vivíamos en Venezuela, Jonathan hacia un concierto y la gente pagaba con un juguete.

Con el disco **"Pido Permiso",** como bandera, empezamos a mover nuestra parte filantrópica: dábamos, recibíamos y queríamos dar más.

Un día al finalizar las entregas notamos que se nos había quedado un regalo inmenso en el camión. Nos detuvimos a tomar algo cuando vimos a un señor descalzo, caminado con un niño, sin dudarlo le entregamos el regalote, que se había quedado rezagado. Era una patineta.

En aquel momento fuimos el Niño Jesús, el San Nicolas, Los Reyes Magos, todo a la vez. La sorpresa del niño y las lágrimas del abuelo agradecido nos llenaron de tal alegría que nos motivó a hacer más.

Así nació nuestra fundación: "**Pido permiso**", justo 15 días antes de venirnos a USA y cuyo propósito es darles de comer a los niños, pero además alimentarles el alma, enseñándoles a tocar un instrumento.

Desde entonces hemos aprendido que cuando te conectas con el bien, aparecen los milagros. Al principio era sólo una idea que comenzó a florecer con nuestro dinero, luego Dios se ha encargado de multiplicarlo y gracias a las ayudas de decenas de ángeles terrenales, seguimos inspirados por la frase de mi abuela, "siempre hay algo para dar".

Ahora contamos con una casa en donde estamos sembrando futuro, y la resiliencia para transformar las dificultades en oportunidades, nos mueve una fuerza superior, por eso constantemente somos testigos de que existen milagros.

Durante la pandemia, no teníamos nada para mandar a Venezuela, pedíamos y alguien aparecía en nuestro auxilio. Aunque no estamos allá, la misión sigue en manos de una pareja, Katy y su esposo, quienes con nuestro apoyo continúan ayudando a los niños.

Dónde estamos y hacia dónde vamos

Cuando veo a mi hija bailar joropo y a su amiguita gringa "Mimi" comerse una arepa o un tequeño y pedir la bendición a mi suegra se me llena el alma, eso es sembrar a Venezuela.

Nunca imaginé que amaba tanto a mi país y por querer hacer más y hacerlo brillar he recibido críticas y maltratos que me marcaron, aunque a decir verdad todo lo acepto como aprendizaje y lo transformo en perseverancia. Convencida que mi propósito es seguir mostrando mi alegría. Esa felicidad tan propia de nosotros, que nos define y representa, pienso que quienes no se sientan identificados, debe buscarla dentro de sí, está allí, se los aseguro. No importa si te caigo mal o bien, no importa si somos amigos o no, solo muestra tu alegría venezolana.

Hoy honro a los venezolanos que llegaron antes que Jonathan y yo: Pedro Correa, Rosario Ponte, Leo Álvarez; Gente que aporta y que sin darme cuenta y quizás ellos tampoco, les he recibido el "testigo" y con el tiempo les he demostrado que sólo intento seguir un legado por el que trabajan pocos.

El gran aporte comunitario es poder identificarnos con nuestras raíces y no perdernos entre el bien y el mal de la cultura norteamericana, la cual respetamos y que unida a nuestra sana cultura nos da felicidad.

Cada año nuestro desfile queda más bonito, a pesar de los injustos contrincantes que intentan dividirnos, al final nos reímos, nos mostramos, todos hacemos lo mejor que podemos en ese camino por la avenida constitución de Washington DC, donde somos uno. Al final lloramos, eso es lo que somos: "Una Venezuela herida pero que nunca para"

No obstante, hemos cedido el espacio del Desfile a las personas que intentaban ser nuestros contrincantes, reflexionamos como equipo y decidimos ceder, no discutir, decidimos dejar de estimular lo que definitivamente no nos identifica, me refiero a un liderazgo viciado y muy parecido a los seguidores de esa corriente política venezolana que tanto repudiamos; les deseamos lo mejor y también los bendecimos ahora tendrán la oportunidad de llevar esa responsabilidad que fundamos nosotros pero que no tenemos problema en dejarlo para que otros puedan desarrollarlo como desean. Esperamos que den también lo mejor de sí. Con honestidad, hemos crecido tanto que eso es solo un evento de tantos que podemos hacer y en donde podemos sembrar cultura, el venezolano sabrá elegir e identificarse con lo que lo haga sentir mejor. Hay para todos. ¡¡¡Enhorabuena!!!

Los venezolanos tenemos la tarea de demostrarle al mundo y a nosotros mismos que desde la pérdida y el dolor, nos estamos reconstruyendo. La diáspora trajo felicidad, nosotros somos alegría nuestra resiliencia es luz para el mundo, yo lo puedo sentir, yo la puedo transmitir.

Mi nuevo objetivo es crear la Casa de la cultura de Venezuela aquí en Washington DC, abrir espacios a nuestros talentos para construir con alegría, sin resentimientos, con perfiles profesionales que nos inviten a ser mejores y a mostrar lo mejor de nosotros.

A las mujeres venezolanas migrantes que me leen, madres de familia y lideres luchadoras, quiero decirles que para seguir adelante en este camino que nos ha elegido, no podemos escondernos de lo que somos, de nuestra esencia, del poder que Dios nos dio, aun cuando en ocasiones lo que nos ocurre, le demos el permiso para solaparnos. Ese proceso solo será para crecer, siempre y cuando te reconozcas desde tu alegría, desde tu bondad y desde tu amor más puro, viéndote con compasión.

Nadie sabe más de ti que tu misma. Alimentar el ego y ser siempre la más resaltante, a veces te deja sin amigos, sin esposo y sin hijos, podemos hacer lo mismo teniéndolos a ellos, porque aun considerando, que estes creando una empresa, una familia, o a un grupo filantrópico, a una organización, eres una líder, eres luz, pero esa luz comienza a opacarse cuando pierdes la humildad.

Además, recuerda que, si te toca ceder el espacio hazlo sin apego y con elegancia, porque un líder que confía en sí sabe que el río siempre vuelve a su cauce y que no se le puede poner puertas al campo.

Cuando eres humilde, sin disminuirte, el camino se pone más interesante, es como la guinda del helado. Es así, por eso hoy participo en este libro junto a otras mujeres maravillosas.

Esta historia que hoy les comparto con amor es otro logro alcanzado. Dejé mi país, dejé todo lo que conocía y amaba, ahora convertida en inmigrante quiero mostrarles la ruta que me tocó. Como la mayoría de los que salimos me he topado con espinas, pero he decidido quedarme con las flores. Y lo demás solo fue la maestría...

Se que aún tengo mucho que aprender y estoy preparada para aprovechar las oportunidades, para ser mejor persona, crecer y difundir lo hermoso que somos a través de la cultura. Me enorgullece decir que los venezolanos somos especiales, eso se nota desde que saludamos, con un beso un abrazo o una sonrisa.

Sigamos difundiendo esa manera de ser, sigamos repartiendo la alegría de haber nacido en Venezuela, sigamos arrullando a nuestros hijos con el himno nacional. El azul de nuestra bandera multiplicó las estrellas y esas somos nosotros quienes salimos a triunfar por el mundo y a dar luz a donde llegamos, aprendamos que cuando migramos no somos indios, pero tampoco somos los caciques.

¡Ánimo Venezuela!

Gracias.

NERLITT
TORRES

"...Viví uno de los momentos de solidaridad humana más intensos que jamás había experimentado."

Rompiendo el Silencio

Soy la periodista exitosa que triunfo en su país, la mujer maltratada a quien su esposo violaba cada vez que sentía deseo. Soy una madre desesperada quien para entrar a Estados Unidos arriesgó la vida de su hija y se lanzó desde un auto en movimiento. Soy yo la mujer rota que logró salvarse y ahora tiene la misión de contar su historia para intentar ayudar a quienes tengan el coraje de superar el miedo para renacer.

Nací en el Zulia, la región más rica de Venezuela. Desde los 16 años trabajaba en televisión animando un programa de concursos, pero mi meta era ser periodista. Estudié me gradué y muy pronto comencé a trabajar como corresponsal de noticias de NCTV.

Tenía 21 años cuando mi novio, me propuso matrimonio. Era primo de mi papá, así que nos conocíamos desde niños.

En el 2007 nos casamos y nos mudamos a Barquisimeto, donde vivía su familia. Allá conseguí trabajo para un canal que distribuía noticias a nivel nacional.

La alegría de aquella unión no duró mucho, a medida que crecía profesionalmente, aumentaban sus celos, me maltrataba sicológica y físicamente. Lo soportaba, porque me parecía que era parte del ajuste de vivir en pareja.

Me enfoqué en mi trabajo y cuando llegaba extenuada, trataba de pasar desapercibida. No le contaba a nadie acerca de lo que me pasaba, porque a quienes conocían eran miembros de su familia y la verdad es que me daba vergüenza contarles a los míos y tener que regresar de vuelta a mi casa.

La última vez que abuso de mi me quedé unos días con unas amigas, luego me pidió perdón y regresé.

Quienes han sufrido la violencia domestica seguro me entenderán. Te vuelves pequeña, indefensa, piensas que lo que te está pasando lo mereces, te sientes culpable de todo, el pánico te paraliza y aguantas.

A los ojos de la gente era la mujer decidida y fuerte que denunciaba las injusticias sociales, mientras en mi casa era una mujer débil, una víctima, a quien le avergonzaba hacer su propia denuncia.

Si lo hacía, como era una persona pública, seguramente lo llevarían preso y esto me afectaría a mí y a la familia. Después de todo: "Los trapos sucios se lavan y se dejan en casa". Nadie tenía porque enterarse de lo que ocurría en la intimidad de mi hogar.

Esta imposibilidad de cambiar las cosas me frustraba. La tristeza, la soledad me dolían tanto, que un día caí en un hueco del que no era capaz de salir, quería dormirme y no despertar nunca más, lo intenté.

En mi casa no había sino vitaminas, y unos frascos de penicilina que mi esposo tomaba porque siempre tenía algún tipo de infección. Yo que creía que era alérgica a ese medicamento, encontré en aquellas pastillas la solución. Me tomé todas las que pude, no me hinché, ni me asfixié, sino que caí en un sueño profundo. A las horas me desperté, estaba mareada, pero seguía viva. ¡Seguía viva, que fastidio! Me tomé otro montón más, yo no sé si quería morirme para dejar de sufrir y castigar a mi esposo o quería castigarme por ser tan boba.

Era fin de semana, mi esposo solía salir los viernes a jugar domino y llegar a casa con ganas de usarme o pelear. No podía pensar en repetir aquella escena conocida y terrible. Agarré las pastillas que quedaban en el frasco y me las tomé.

A todas estas mis amigas del Zulia que estaban pendientes, me llamaron el viernes y el sábado, cuando seguía sin contestar, se preocuparon y pidieron a unas compañeras de la iglesia a que verificaran que todo estaba bien. Entre el sueño y el mareo escuché que me tumbaban la puerta, pero no me podía mover. Me despertaron, me salvaron y me convencieron de que buscara ayuda.

Como parte de mi trabajo me tocó cubrir historias acerca de la violencia doméstica, entrevisté a una especialista, y mientras la escuchaba, se me salían las lágrimas. Hablaba de la situación de vulnerabilidad y de terror que vive una mujer abusada. Esa era yo, yo era una mujer víctima de violencia doméstica. Le pedí que me atendiera y con su ayuda me llené de valor.

En uno de esos días, cuando me preparaba para recibir un premio por mi trabajo como periodista, mi esposo empezó a insultarme, estaba incomodo, le molestaba que me arreglara para la ocasión, y le daba rabia la alegría que me producía, la distinción que me entregaría el alcalde.

De repente empezó a gritar: "Claro todos esos premios te los dan porque te acuestas con los políticos, eres una arribista, eres una cualquiera". No quiero entrar en detalles, pero aquella acusación infundada, justo antes de algo tan especial para mí, terminó de rebasar la copa.

Como siempre sentí miedo, salí corriendo para evitar que me impidiera ir o me pegara antes de la ceremonia. Ese fue el último día que estuve con él a solas. No volví más.

Las amenazas siguieron, decía que me iba a matar. Entonces fui yo quien lo amenacé y por escrito le hice llegar la denuncia que introduciría al día siguiente en la policía. En el documento narraba con detalle los abusos, él sabía que iría preso, porque yo era una persona seria a quien todo el mundo conocía, se quedó tranquilo y no me molestó más.

Poco a poco fui sacando mis cosas, me mudé para una habitación, en donde por fin pude dormir en paz y soñar con una vida productiva y libre.

Las mujeres normales tenemos derecho

A mi país se le conoce por sus mujeres espectaculares, si, no son bellas, son espectaculares. Yo, aunque trabajé en televisión, no era bella, era una mujer normal.

Desde pequeña soñaba con cubrir noticias de sucesos, investigar las historias a profundidad, como aquella periodista aguerrida que usaba una gorra roja y salía sin maquillaje, ella era normal, pero cuando presentaba su programa Alerta, la gente no podía dejar de verla.

Mis metas estaban claras: trabajar en televisión y ser como Leda Santodomingo. Lo bueno es que para eso no tenía que ser una Miss, ni tener las medidas perfectas. Leda se ponía su braga y se metía en cuanto barrio existiera para denunciar todo lo malo que había.

Ya en la universidad, cuando me preparaba para ser Comunicadora Social analizábamos el trabajo de la señora y se me hizo más claro: sería una periodista que ayuda a la gente, daría a conocer sus historias e intentaría conectarlas con la solución.

Me gradué y lo que hice después, me hizo sentir como ella. Tal vez algún día la conocería.

Nunca se deja de ser periodista, pero después del trauma con el primer marido, necesitaba darme un descansito, no quería saber nada de noticias duras. Todo me producía ganas de llorar.

A comienzos del 2011 después de mi divorcio, quería volar, escapar y renacer como el ave Fénix. Me sobraba el tiempo para inventar, entonces creé una línea de trajes de baño para las mujeres normales como yo. Nació Fénix, ropa de playa para la gordita, las pequeñas o las muy flacas, en el mes del amor me sentía renovada. Hicimos una hermosa campaña de promoción y un desfile de modas en donde presentamos la belleza desde todas las dimensiones.

Me divertí mucho trabajando para esta nueva mujer que se levantaba sobre las cenizas del miedo y ahora libre tenía permiso para llegar tan alto como quisiera.

Blanca Nieves Sierra

Blanca Nieves Sierra fue una inspiración para las mujeres que como yo sufrimos de violencia doméstica. En el 2007, el mismo año que me casé, me tocó cubrir su historia, la había matado el esposo. Tenía 36 años, estudiaba derecho y llegó a ser concejal, sin embargo, le faltaron fuerzas para defenderse de su marido.

El caso de Blanca Nieves Sierra ocurrido en la comunidad donde me desarrollé como periodista, puso al descubierto la oscura realidad que viven muchas mujeres, no sólo en esa región, sino en todo el país.

Su historia, la mía y la de cientos de señoras en mi país, fue el punto de partida, el motor para crear en el 2010, la Fundación Blanca Nieves Sierra, organización no gubernamental que nos sirvió de plataforma para investigar y denunciar los casos de abusos, y respaldar a las víctimas de maltrato.

Buscamos apoyo y realizamos campañas de información. Dábamos seminarios en donde ofrecíamos herramientas para que las mujeres pudieran defenderse y salir del círculo de la violencia, incluso conseguimos la ayuda gratuita de abogados y asistentes legales, quienes asesoraban y acompañaban a las víctimas en su proceso.

Empecé a salir, me volví a enamorar y en el 2014, cuando mejor estaba en mi vida y en mi profesión, unos delincuentes se metieron en mi apartamento y por horas me mantuvieron secuestrada, hasta que vaciaron mi casa, se llevaron todo.

Estaba tan traumatizada que renuncié y me fui a mi casa, con mi familia, con mis amigos con la gente que conocía desde siempre. Hasta allá me siguió mi novio con quien estuve saliendo por varios años. Nos casamos en el 2015.

Estando en el Zulia, mientras trabajábamos en el tema de abuso doméstico, empezamos a recibir denuncias terribles acerca del tráfico y trata de mujeres.

Con el apoyo de la fundación iniciamos una investigación en donde demostramos que en Maracaibo cada dos semanas desaparecían 5 mujeres y aunque los familiares hacían denuncias, las autoridades de seguridad y orden público, ni las consignaban ni hacían nada.

En la policía no había récords, ni archivos de ningún tipo y según los familiares de las víctimas algunos miembros de policía eran pagados y formaban parte de la jugosa mafia que manejaba el negocio de venta de personas. Esto se hizo más evidente cuando comencé a recibir amenazas para que desistiéramos de publicar el resultado de nuestras pesquisas.

El trabajo que hicimos fue presentado ante la comisión de familia en la Asamblea Nacional, quienes se trasladaron a la entidad marabina y constataron la veracidad de la investigación.

Para el 2019 luego de hacer público el documental: **Mujeres en Silencio,** que relata la vida de cinco mujeres que se enfrentan a la crisis humanitaria compleja y sobreviven en un país sumado en la pobreza y la desigualdad social; un grupo de defensores de diversas organizaciones, me dijeron que me tenía que ir.

No sé si me tenían fichada, pero lo que pasó después cuando salí por la frontera de Colombia, puso en evidencia que estaba siendo solicitada y que si me quedaba en el país terminaría en la cárcel.

Volver a amar, volver a confiar

Mientras ayudaba a otras víctimas en su proceso de sanar, me hacía más fuerte, sin proponérmelo, me convertí en una líder de la causa. Creamos campañas informativas denunciando el tráfico humano, en las que fui la imagen.

Hicimos mucho ruido, hasta que la denuncia llamó la atención internacional. Más adelante recibí una beca para cursar una Diplomatura en Derechos Humanos, patrocinada por la Organización de Estados Americanos.

Estaba feliz con lo que ocurría a nivel profesional, trabajaba tanto que siempre lograba lo que me proponía, sin embargo, mi mayor alegría fue reconocer que podía confiar, que por fin ya no sentía miedo. Allam, aquel hombre bueno que siempre estuvo allí me ayudó y me di permiso para volver amar.

Allam era técnico en televisión en el canal donde yo trabajaba en Barquisimeto y en uno de los tantos viajes que me tocó hacer, conectamos, nos gustamos y estuvimos como novios por cuatro años. Seis meses antes de la boda hicimos votos de castidad.

Estábamos ilusionados con los preparativos, yo sería su primera esposa así que, en el 2015, viviendo en Maracaibo nos casamos con velo, corona y vestido blanco, como era su deseo.

Superé mis prejuicios acerca de vestirme de novia. Todo era tan divertido y bonito que, si él me quería de blanco, lo complacería, es más estaba tan enamorada que no sólo hicimos una boda tradicional, sino que quise hacer parte de la comida para los invitados, yo que odio cocinar.

Cuando escribo estas líneas se me aguan los ojos, no es tristeza ni miedo, es agradecimiento porque la vida me dio la oportunidad de volver a amar, volver a creer y a empezar.

El 8 de Junio del 2016 nació mi hija Samantha, una niña bella y dulce, un regalo de la vida que nos hizo pensar en nuevas opciones para ofrecerle un mejor futuro.

Trabajábamos duro, pero ni siquiera juntando los dos sueldos nos alcanzaba, la comida escaseaba, los periodistas éramos perseguidos, no había libertad de expresión, no se veía progreso.

Las causas sociales eran mi motor y un documental en donde demostramos la corrupción policial, me puso en la mira del gobierno.

Cada vez me sentía más amenazada, fue entonces cuando mi suegro, invitó a mi esposo, a que se fuera a los Estados Unidos, él se iría primero, le sacarían la visa y luego seguiríamos nosotros. Samantha tenía 10 meses cuando su papá se fue.

Incertidumbre, soledad, miedo

Yo contaba con mi visa, así que podría irme como turista, pero mi hija no, se habían roto relaciones entre USA y Venezuela y no había manera de sacársela, además su papá que ya para entonces era residente americano, la había solicitado, consideraba que eso sería suficiente para llegar legalmente a mi destino.

Salimos en auto desde el Zulia, atravesando la frontera para llegar a Colombia.

En Maicao, las autoridades venezolanas nos detuvieron por cuatro horas. Cuando el señor que me llevaría hacia el aeropuerto notó que yo no salía, se comunicó con mi esposo y comenzó una campaña de información en donde participaron periodistas y grupos de defensores de los derechos humanos, con quienes yo trabajaba estrechamente.

Pasaron dos horas: Dónde está Nerlitt, tres horas, no aparece Nerlitt. Cuatro horas llega a Maicao una comisión de derechos humanos y me sueltan.

Las razones por las que me detuvieron nunca las supe. Al parecer investigaban a ver si tenía orden de detención, prohibición de salida o sencillamente esperaban que les diera 400 dólares, para autorizar mi salida.

Seguí mi ruta hasta el aeropuerto que me llevaría hacia México. Al llegar a Bogotá me recibieron como una heroína, todo el mundo sabía acerca de mi periplo y celebraban el trabajo que habían hecho los grupos de defensores tanto en Venezuela como en Colombia. Una de las aeromozas que conocía mi caso, me abrazó y me dijo, tranquila amiga aquí estás segura. ¿Segura? Aquello no era sino un abreboca de lo que me esperaba cuando llegara a México, de haberlo sabido, jamás habría puesto a mi hija en tal situación de riesgo.

En México me esperaba una prima con quien compartí unas horas, mientras esperaba mi vuelo que me llevaría hacia Monterrey.

Fue un largo viaje, pero la alegría de encontrarme con mi esposo después de aquellos dos largos años, me reconfortaba, juntos comenzaríamos una nueva vida.

En el avión venían varios venezolanos quienes al igual que yo planeaban atravesar la frontera desde Monterrey hasta los Estados Unidos.

Cada situación era distinta, muchos de ellos atravesarían el rio, buscarían un coyote, o esperaran ser arrestados, llevados a un refugio, y desde allí, arreglar su situación legal. Mi caso era distinto, yo tenía visa y a mi hija la esperaba su papá quien era residente.

En un autobús llegué a la frontera de México con Estados Unidos, me pidieron mis documentos y con una alegría que no me cabía en el cuerpo les mostré mi visa, el oficial la revisó cuidadosamente, miro a mi hija luego a mí: "And where is the girl's visa"? En español, porque no hablaba inglés le expliqué que su papá era residente, que nos esperaba en la Florida y le mostré todos los documentos que tenía. Los miró y en perfecto español me dijo: " Los siento señora, usted pasa, pero la niña no".

Qué horror, yo creía que tenía todo. Si tenía algunos papeles, pero en ninguno aparecía el sello de aprobado. No llevaron a un Shelter, junto a otras decenas de inmigrantes que no tenían permiso para llegar hasta el otro lado.

Entre en pánico, las historias de terror que había escuchado acerca de los refugios y las vivencias en la frontera eran terribles, yo no estaba sola, tenía a mi niñita de tres años.

Tres meses en la frontera

Mientras se decidía nuestra situación, que en mi caso era demostrar que tenía un familiar que se haría cargo de nosotros nos llevaron a un refugio. A la mayoría los llevan a esos centros de retención que vemos en las noticias, quienes tienen recursos les ofrecen habitaciones o casa para alquilar, para ese momento ya habíamos creado un grupo de venezolanos que decidimos apoyarnos y acomunarnos hasta donde fuera posible.

Éramos once, cinco mujeres, dos niños y cuatro hombres. Alquilamos una casa con dos habitaciones y un baño, compramos una hormilla y juntos cocinábamos para gastar menos y no enfermarnos con la comida.

Este grupo de compatriotas se convirtió en mi familia, en mi apoyo durante los 90 días que me tocó esperar en Monterrey, hasta que ya sin recursos, y sin tener claro cuál sería nuestro destino, decidí tomar opciones más drásticas.

Vivir en la frontera es de las experiencias más duras que puede enfrentar un inmigrante. Hay demasiada información. Buena y mala. Si tienes recursos, puedes pagar una casa y protegerte, pero la inseguridad es enorme y puedes ser presa fácil de los vendedores de sueños. Te pueden violar, vender, utilizar. Las consecuencias, como lo supe después, son indescriptibles.

Cuando estas desesperado escuchas lo que te conviene, a los venezolanos nos ha tocado aprender sobre la marcha, porque nunca habíamos sido inmigrantes, yo siendo una persona informada, llegué perdida y me tocó sufrir las consecuencias.

Esperar que mi marido nos pidiera estando en Venezuela era un proceso largo y un riesgo que no podía correr, ahora estaba más cerca, pero desde México podría tomar años.

La anoche anterior llegué a un acuerdo con el chofer que nos llevaría a mi hija y a mi hasta Mc Allen, el puente que comunica a México con Estados Unidos, por abajo corre el Rio Grande, donde pasan cientos de personas todos los días, también muchos se ahogan y se quedan.

Una de las señoras que estaba en el grupo con su hijo de 16 años al verme tan decidida me dijo: "Yo aquí no me quedo, me voy contigo". Que alegría, no estaría tan sola.

250 dólares nos cobrarían por los 45 minutos que duraría el recorrido. El chofer no dijo palabra, pero cuando ya nos íbamos acercando al punto fronterizo, nos dijo: "Señoras, yo no puedo parar, ustedes se tienen que bajar".

Aquel era un puente de asfalto, en donde transitaban decenas de vehículos y enormes camiones que transportan la comida a través de la frontera, cuando el hombre nos dijo ahora, bájense, abrí la puerta del copiloto y con mi hija abrazada, metida entre mis piernas y con el bolso en la espalda, me tiré, me lancé y empecé a correr. ¿Cómo lo hice? por qué no me rompí los brazos, o las piernas, no lo sé. Yo hice lo que mi mente me ordenó.

Mientras corría tratando de esquivar a los camiones, pero también usándolos como camuflaje, viví uno de los momentos de solidaridad humana más intensos que jamás había experimentado. Haciendo señales de luces, cornetas y moviendo los brazos los autos y camiones nos indicaban el camino que debíamos tomar. Por un lado, va el transporte comercial, por el otro los carros privados.

Logré llegar al punto de control de la mano con mi hija, mi pequeña valiente que no se quejó nunca, la que me ayudó a sacar fuerzas para hacer esta travesía, mi heroína.

Ya frente al funcionario, con el corazón en la boca, entregué mis documentos y me dejaron pasar. Estaba en territorio norteamericano y en un impulso que no podía controlar, me arrodillé, lloré y le di gracias a Dios.

Estábamos a salvo.

Usted fue irresponsable, escuché decir a la Juez

Después de dormir una noche en la "perrera", que es el centro donde llevan a los inmigrantes antes de ser entregados a sus familiares, tomamos un autobús desde Texas a Miami. Allá nos esperaba mi esposo. Todo había sido tan difícil, que la noche antes de viajar a Miami mi hija, que temblaba de frio me dijo: "Mamá, tengo frio, mejor nos regresamos, ya no quiero ver a mi papá".

Desde que salimos de Venezuela, trataba distraerla con juegos, presentar la travesía como una excursión muy divertida que nos llevaría a ver Mickey, pero era tan duro que llegó un momento que mi hija estaba realmente cansada.

Le tomó tiempo aceptar a su papá, aquel hombre idealizado que tanto trabajo nos había costado alcanzar. Mi esposo, por su parte había hecho de todo para protegernos en México, trabajaba largas horas y hasta tuvo que vender el carro para tenernos junto a él.

Para mi estar allí, con mi hija y mi esposo, ya era un milagro, Dios no me iba a abandonar. Me tomó cinco meses preparar mi expediente de 700 páginas. El abogado nos había alertado que los casos de asilo eran muy difíciles.

Cuando me dieron la cita estaba lista para defenderme con la verdad, pero estábamos en plena pandemia y los procesos se demoraban más de lo normal.

La cita me la dieron para el 18 de septiembre del 2021, estaba embarazada y el nacimiento de mi hija se había programado para esos días, tuvimos que postergar la defensa de mi caso hasta febrero de 2022.

A través de una traductora, la juez me hacía preguntas. Trataba de mantenerme serena, cuando le conté que tuve que saltar de un auto en movimiento con mi hija, me miró fijamente, tratando de comprender, porque no entendía. ¿Cómo era posible que arriesgara mi vida y la de mi hija para llegar hasta aquí?

Las palabras se me atoraron, no sabía qué decir, yo misma no lograba explicarme lo que había hecho. Después durante mis sesiones de terapia entendí que, en situaciones extremas de miedo, el cuerpo responde con herramientas que uno ni siquiera sabe que tiene, reaccionas y haces lo que tienes que hacer. Me sentí tan culpable que me puse llorar.

Aceptaron mis argumentos y me aprobaron el asilo.

Cambia, todo cambia

Los cambios son buenos y necesarios. Todo el proceso que me sacó de Venezuela y me trajo hasta aquí me cambió. Me volví más sensible, más humilde, más simple. También produjo cambios en mi pareja.

No teníamos ni un año de casados cuando se vino a Estados Unidos. Apenas saboreaba la dulzura de su compañía cuando me volví a quedar sola. Tenía a mi hija, a mi familia y un propósito, pero lo extrañaba.

Cuando nos volvimos a ver, frente a mi estaba mi esposo adorado, el hombre que hizo lo imposible para traer a su familia. Ambos habíamos logrado una hazaña y ahora venia otro proceso: conseguir mi estatus legal para trabajar. Nos habíamos consumido todos los recursos y mi marido no daba para más.

Yo no podía generar ingresos y me enfoqué en crear el expediente para defender mi caso. Me hice miembro de Solidaridad Activa, un grupo que existía en Venezuela pero que no tenía representación aquí. Trataba de mantenerme ocupada haciendo voluntariado con organizaciones venezolanas, pero no me sentía yo, había sufrido tanto estrés que necesitaba que me cuidaran, que me mimaran, entre mi esposo y yo había demasiada tensión exigíamos algo que ningún de los dos podía ofrecer.

Estábamos distantes, peleábamos, nos volvimos extraños.

Hablamos de separación. Lo escribo y no puedo imaginar como pudimos siquiera pensarlo.

Amigos, inmigrar es un proceso de cambio tan radical que afecta lo más profundo de nuestro ser, es como si nos arrancaran de raíz de un lugar conocido y trataran de clavarte y hacerte renacer en una tierra nueva. Quieres empezar, pero todo es difícil y doloroso.

Estaba comenzando el año 2020 cuando surgió la posibilidad de separarnos.

En marzo una amiga me dice: "Ustedes lo que necesitan es escucharse, darse un tiempo, están cansados". Nos invitó a un retiro de parejas por un fin de semana.

Seguimos su consejo y lo que pasó fue mágico. Nos volvimos a conectar, recordamos todo lo que admirábamos en el otro, y las razones por las que nos habíamos enamorado.

Mi esposo pudo expresar lo que sentía, estaba cansado, yo me sentía abandonada. Había demasiadas cargas emocionales, que nos impedían pensar en el otro.

Hoy miro hacia atrás y le doy gracias a Dios por ayudarnos a superar aquella crisis. No era justo, que se terminara todo después de tanta lucha.

Quisiera decir que hay que tener paciencia, pero yo no la tenía, estaba hundida en mi propia angustia. Lo que sí puedo sugerir es que busquen ayuda, pónganse en los zapatos del otro y escúchenlo desde el corazón.

Aquel fin de semana encontré a mi amor, mi amigo, a mi pareja.

Aprender para servir

Parte de mi recuperación fue volver a ser quien era, retomar lo que me hacía feliz, pero nada de eso era posible si mi corazón no estaba en paz, volver a contar con mi marido ser los dos era la base para volver a empezar.

Junto a mi esposo registramos la Fundación Blanca Nieves Sierra denunciamos las desapariciones y tráfico humano que continuaban en Venezuela, empecé a formar parte del grupo de organizaciones de venezolanos que hacían vida en los Estados Unidos. Estaba feliz, era yo. Dejé de cuidarme y el 14 de febrero, nos enteramos de que estábamos embarazados.

Recibimos la noticia como una bendición, se trataba de un embarazo múltiple, a los cuatro meses me enteré de que una de las bebés ya no estaba.

Es muy raro, el feto que sobrevivió absorbió a la otra y no me enteré sino cuando estando en consulta la enfermera me dijo: "La niña está bien su corazón está perfecto". No quiero hablar de esto porque me afectó muchísimo, pero de aquel embarazo múltiple, sobrevivió mi Shantal, mi arcoíris, su hermana a quien quise desde que el doctor nos dijo que eran dos, se convirtió en el angelito que nos protege.

Estuve un tiempo en terapia, creo que todos los inmigrantes deberían hacerlo porque cuando dejas tu país, el precio que pagas es muy alto, dejas todo lo conocido y el duelo no se te quita.

Dejas tu país, pero el país nunca te deja, por eso en Venezuela seguimos trabajando gracias a el equipo que creamos, y que continua la labor que dio origen a esta fundación: las mujeres víctimas de violencia y el tráfico humano.

Quiero servir, ser útil, ayudar a los que se quedaron en Venezuela y también a los que están aquí como tú, tratando de abrirse camino.

En muy poco tiempo siento que he logrado mucho. Saqué mi licencia de maestra y a eso me dedico la mitad del tiempo. También inicié mi propia compañía de seguros en donde orientamos y educamos a quienes buscan información en la materia, esto me ha permitido dar empleo a varias decenas de personas y brindar protección a las familias. Todo esto sin olvidar mi fundación que ahora tiene una misión distinta;

Apoyar a los venezolanos para que logren su estatus legal en los Estados Unidos

El viaje hasta aquí ha valido la vida (jamás la pena), en marzo del 2023 recibí de manos de un grupo de empresarias de la ciudad de Miami el premio ¨Mujeres Alpha¨ como una de las 25 damas con impacto social en la ciudad que me había recibido hace solo cuatro años, además, a través de la ONG Blanca Nieve Sierra logramos realizar el primer encuentro de mujeres migrantes que contó con la presencia de féminas reconocidas de la localidad.

Como una de las voceras de las 75 organizaciones venezolanas que hacemos vida en los Estados Unidos he podido suscribir comunicaciones que han tenido impacto significativo en nuestra comunidad, el Estatus de Protección Temporal TPS y la propuesta de parole humanitario, a través del American Business Immigration Coalition participamos en la jornada "Here To Work" realizada en Washington D.C. Además, sostuvimos reuniones con Senadores y fuimos invitadas a la Casa Blanca donde hablamos de nuestros inmigrantes venezolanos y de los beneficios sociales que pueden obtener en el país donde mana ¨leche y miel¨.

En cada conferencia que he asistido como vocera nunca he dejado de lado a las víctimas de trata y tráfico humano de mi país, Venezuela es un faro constante de amor y devoción, gracias a múltiples esfuerzos hemos podido enviar ayuda humanitaria y mi compromiso jamás descansa.

Los sueños se transforman en metas, las metas en oportunidades que se cumplen

Luego del primer encuentro de mujeres migrantes pensé que es necesario que contemos nuestras historias y el aporte a la comunidad venezolana en Estados Unidos, mi compañera Ana Gil y yo comenzamos la búsqueda hasta conseguir a las 10 féminas inspiradoras, cuando Ana me dijo soy amiga de Leda Santodomingo, ella puede ayudarnos a redactar el libro. Yo, sonreí y con el mismo nudo en la garganta con el que escribo estas líneas agradecí a Dios la oportunidad que me ha dado de cumplir cada sueño, aquella señora que me motivo por tantos años seria quien relataría mi vida. Hoy con la sabiduría que me da la edad y mis vivencias comprendo que somos las únicas responsables de materializar nuestros sueños. En mi entrevista resalte una y otra vez, no quiero verme como víctima, soy la dueña de mi vida y la única responsable.

Donde quiera que vaya, mi misión es servir. Por eso a diario Dios pone en mi camino, personas y herramientas para lograrlo. Siento que todo lo que he vivido y las experiencias que me trajeron hasta aquí me han hecho más fuerte, también más humana, las historias que escucho de los inmigrantes, no tengo que imaginarlas, porque yo las viví.

¿Y mi familia? Mi familia y mis hijas son mi centro, las que me dan las bases de mi alegría, son mi salud mental y el motor que hace que todo lo demás funcione.

Gracias.

¡LO LOGRAMOS!

Es la palabra que define y une a estas mujeres indetenibles que siguen abriendo caminos. Lo lograron, alcanzaron la meta al cumplir el sueño de crecer y sembrar país fuera de su país. Son inmigrantes a quienes les tocó dejar su hogar, su familia, el terreno conocido, para aprender y emprender una nueva vida lejos de su tierra. Lo lograron, alcanzaron la meta, pero su misión no termina, siguen construyendo para los que siguen.

Este libro es el resultado de un trabajo colectivo que reúne las historias de 12 mujeres llenas de pasión y esperanza, en donde sus protagonistas nos muestran cómo la perseverancia, la buena voluntad y la fe fueron el motor que las llevó a conseguir sus metas y ahora esperan poder contribuir y servir de guía a los que continúan llegando tras el sueñoo americano.

Acercarse a estas mujeres por medio de sus historias es entender el cambio que ocurre cuando dejamos nuestro país para enfrentar la incertidumbre. Ellas lo hicieron, atrás quedó la familia, el hogar, los títulos. Hoy, reunidas en este libro, nos dicen con orgullo que el sueño americano es posible, aunque primero tendrás que desnudarte, despojarte del pasado, ser humilde, abrirte a lo nuevo y darte permiso a crecer.

-Leda Santodomingo

Made in United States
Troutdale, OR
12/04/2024

25819287R00186